Papás adolescentes

PAPÁS ADOLESCENTES

Derechos, responsabilidades y alegrías

Jeanne Warren Lindsay, MA

Morning Glory Press

Buena Park, California

Papás adolescentes: Derechos, responsabilidades y alegrías
(inglés) Teen Dads: Rights, Responsibilities and Joys
es parte de una serie de siete libros. Otros títulos de la serie:
Tu embarazo y el nacimiento de tu bebé
(inglés) Your Pregnancy and Newborn Journey
Crianza del recién nacido
(inglés) Nurturing Your Newborn
¡Mami, tengo hambre!
(inglés) Mommy, I'm Hungry!
El primer año de tu bebé
(inglés) Your Baby's First Year
El reto de los párvulos
(inglés) The Challenge of Toddlers
La disciplina hasta los tres años
(inglés) Discipline from Birth to Three

Atención: Las ediciones "regulares" de los títulos anteriores están escritas a un nivel de lectura de sexto grado.

Your Pregnancy and Newborn Journey, Nurturing Your Newborn,
Your Baby's First Year y Discipline from Birth to Three
también se pueden obtener en ediciones de lectura más fácil que prueban GL2 usando la Flesh Grade Level Formula.

Library of Congress Cataloging-in-Publication Data
disponible a solicitud.
ISBN 978-1-932538-95-3

MORNING GLORY PRESS, INC.
6595 San Haroldo Way   Buena Park, CA 90620-3748
714.828.1998   1.888.612.8254
e-mail info@morninggglorypress@aol.com
Website www.morningglorypress.com
Impreso y encuadernado en los Estados Unidos de América

ÍNDICE DE MATERIAS

Prefacio

Si eres padre adolescente o pronto vas a serlo, probablemente esperas verte involucrado en la vida de tu niño/niña. Muchos padres adolescentes me han dicho cuánto quieren que su niño tenga a su papá, que lo conozca, que pasen ratos juntos. Muchos de esos papás jóvenes crecieron sin una relación estrecha con sus propios padres. Quieren algo diferente para los hijos suyos.

Aunque quieras estar con tu niño, tal vez ya se te presentan dificultades. A lo mejor ya no estás con la mamá de tu bebé. O quizás los padres de ella no quieren que ella tenga nada que ver contigo.

Muchos padres (y madres) jóvenes no saben mucho sobre cómo atender a un bebé o un niño un poquito más grande. Posiblemente te sientes incómodo al cambiarle el pañal a tu bebé, y es posible que mami se ría de tus intentos. Si esto es lo que te pasa a ti, exhórtala a que te enseñe a hacerlo.

Si no resides con tu bebé, ¿cómo puedes compenetrarte con tu hijo o tu hija? Por otro lado, puede ser que estés muy involucrado en la vida de tu criatura. Tú y su mamá posiblemente vivan juntos, o estén casados. Ciertos papás adolescentes tienen la custodia de su niño/niña.

Este libro se ha escrito para todos los padres jóvenes que quieren criar bien a su hijo o sus hijos. Vas a ver lo que dicen otros papás jóvenes y sus sugerencias para la paternidad. De hecho, entrevistamos a 64 padres adolescentes para este libro y los citamos. Son ellos lo más importante de este libro.

Cada vez que se cita a un padre adolescente, se le identifica por su edad, la de su(s) niño(s) y la de la madre de la(s) criatura(s). Si se vuelve a citar a esa persona en el mismo capítulo, sólo se da el nombre. Los nombres son ficticios, pero las citas y las edades siempre son verdaderas.

Papás adolescentes cubre los asuntos básicos sobre la crianza. Si quieres guía más detallada, consulta los libros de la serie Adolescentes como padres: *Tu embarazo y el nacimiento de tu bebé, Crianza del recién nacido, ¡Mami, tengo hambre!, El primer año de tu bebé, El reto de los párvulos, La disciplina hasta los tres años,* libros escritos epecialmente para padres y madres adolescentes.

Si eres padre adolescente, probablemente quieres a tu niño/ niña de todo corazón. Te gustaría ser el mejor padre del mundo. Es posible que también quieras hacer frente a asuntos tales como las relaciones con la madre de tu criatura y la familia de ella cuando hagas planes para el futuro. *Papás adolescentes* se ha escrito especialmente para ayudarte a alcanzar tus metas de crianza – para ser un buen padre y vivir la vida de la manera más satisfactoria posible.

¡Los mejores deseos y buena suerte!

Jeanne Warren Lindsay
mayo 2009

Prólogo

En mi opinión, la mayoría de los padres adolescentes tienen una mala fama inmerecida. Mi experiencia con muchos padres jóvenes me ha demostrado que tienen un deseo genuino de ser buenos padres. Sin embargo, su juventud se les interpone en el camino. Además, la falta de un modelo masculino positivo de más edad en sus vidas puede sentar el tono de su participación en el presente y en el futuro. Esa ausencia de modelo positivo deja al padre joven con falta de los recursos que necesita para sintonizar su rol de padre. Sin estos recursos, es probable que su lucha sea aun mayor. Combínese esta lucha con su posible envolvimiento con el sistema de justicia para menores y nos encontramos con otro grupo de asuntos que confrontan algunos de los padres jóvenes.

Por fortuna, durante los últimos quince años se ha prestado atención en todo el país al envolvimiento masculino en la prevención de embarazos y en la crianza. En 1995, el presidente Clinton lanzó una iniciativa a nivel gubernamental para afianzar el rol de los padres dentro de las familias.

Asimismo, ha habido demandas comunales para desarrollar propuestas que atraigan fondos federales para programas relacionados con envolvimiento masculino. En 1997, la California Wellness Foundation patrocinó la guía *Involving Males in Preventing Teen Pregnancy.* Escrita por The Urban Institute, el informe describe 25 programas de envolvimiento masculino a nivel nacional, los cuales en su totalidad envuelven a los varones en programas de prevención de embarazo en la adolescencia. La guía también emplea datos del National Survey of Adolescent Males (NSAM) para crear un retrato nacional de varones jóvenes a riesgo de causar embarazos sin planear e igualmente hacer resaltar las oportunidades para influir en su comportamiento.

Un programa puesto de relieve en esta guía es el Teen Parenting Skills Project del Bernalillo County Juvenile Detention Center, Albuquerque, New Mexico. El proyecto trabaja con madres y padres adolescentes, embarazadas y en crianza, todos mientras están encarcelados. El proyecto enfoca la provisión de un lugar para que los padres adolescentes se reúnan, formen grupo y compartan información educativa básica sobre la crianza; proporciona una fuente de referencia para agencias comunitarias; y se entiende con asuntos de comunicación a larga distancia para los que van a pasar al sistema de adultos. La población residente en el Detention Center es normalmente 90 por ciento masculina. Con esto en mente, el programa hace mucho énfasis en el envolvimiento masculino.

El proyecto ofrece educación básica en destrezas de crianza, hitos del desarrollo, asuntos de abuso o maltrato infantil/violencia doméstica, cuidado del recién nacido, envolvimiento del varón, masaje infantil, destrezas de trabajo o laborales, manejo de la ira, seguridad en asientos de auto, síndrome de alcohol fetal y otros asuntos. Se han preparado distintas clases a pedido de agencias comunales o para compartir información en sus programas.

Las sesiones del proyecto de crianza para adolescentes dedican mucho tiempo a dialogar sobre el encarcelamiento que separa de la crianza. La participación en el proyecto es voluntaria y quienes participan se hacen elegibles a una hora de visita con su ser querido y su niño/niña una vez por semana. También se dedica mucho tiempo a dialogar sobre el rompimiento de los ciclos negativos asociados tan frecuentemente con la crianza mientras se es muy joven. Por ejemplo, los hijos adolescentes que nacieron cuando sus madres eran adolescentes tienen 2.7 veces más probabilidades de resultar prisioneros que los hijos de madres que demoraron el embarazo hasta la década de los veinte años, según *Kids Having Kids*. (Robin Hood Foundation).

Un programa en New Mexico para satisfacer la necesidad de recursos que tienen los padres adolescentes es el New Mexico Young Fathers Project. Se inició en el verano de 1999 como proyecto piloto, con varones de más edad como mentores, para proporcionar servicios en las instalaciones y en la comunidad. El proyecto es patrocinado por el New Mexico Department of Health y lo administra la New Mexico Teen Pregnancy Coalition. El proyecto se ofrece semanalmente a un grupo en el Detention Center. Los mentores del proyecto también visitan a los padres adolescentes individualmente durante la semana.

El proyecto asiste en búsqueda de empleo, colocación educativa y grupos semanales en la comunidad. Asimismo, el proyecto ha llevado su programa a varias instalaciones correcionales en los alrededores del Detention Center, en las cuales los padres jóvenes que pasan a otro sistema pueden seguir reuniéndose y discutir asuntos de la paternidad.

Una de las actividades del Teen Parenting Skills Project es distribuir recursos educativos que pueden beneficiar a estos padres jóvenes. Con algo de ayuda financiera, el proyecto regala ejemplares de *Papás adolescentes: Derechos, responsabilidades y alegrías*. Tanto los muchachos como las muchachas disfrutan de la información y la comparten con su persona amada durante las visitas. En *Papás adolescentes* se presentan asuntos básicos de la crianza y se da fundamento para discusiones de grupo.

La participación en pandillas [maras, gangas] es uno de los asuntos que discutimos con los adolescentes encarcelados en el Juvenile Detention Center. Estoy perfectamente convencido de que la participación en pandillas se interpone en la crianza – es una mala mezcla, como lo atestiguan padres jóvenes que regresan constantemente a la instalación, cada vez con una acusación más seria que la anterior. Estas nuevas acusaciones eventualmente los pueden colocar más adentro del sistema y, casi la mayor parte de las veces, los transfiere al sistema de adultos. Esto significa más tiempo alejado de su niño/niña y una pareja que tiene que criar sola.

Aprecio mucho a Jeanne Warren Lindsay y Morning Glory Press por las distintas obras, especialmente *Papás adolescentes* y *La disciplina hasta los tres años*. Estos libros han sido sumamente útiles para proporcionar información a estos padres jóvenes y para iniciar muchas conversaciones.

Robert Esteban Pacheco
Project Facilitator/Program Manager
Bernalillo County Juvenile Detention Center

Reconocimientos

Mi profundo agradecimiento a los 64 padres jóvenes a quienes entrevisté especialmente para este libro y a otros jóvenes que han contribuido con su experiencia. Algunos de ellos me dieron permiso para agradecerles por su propio nombre. Entre ellos se encuentran los entrevistados para esta edición de *Papás adolescentes*: Margarito Alfaro, Frederick Cervantes, Jesus Gonzales, George Guillen, Jeff Huff, Jonathan Lopez, Jose Tinajero, Robert Valencia, Irving Olvera, Jaime Ramírez, Jr. y John Sturgeon, Jr.

También entrevisté a Patrick Candelaria, Brian Heppler, Clifton Montoya, Joseph Bustamonte, Victor Garcia, Edvardo Alcaraz, Sean Christian, Renell Simmons, Gerardo Ortega, Victor Sarduy, Christopher Medaglia, Matthew Flannelly, Matthew Topchi, Jose Sanchez, Mizraim Leal, Chris Rismiller, Albert Aguilar, Ryan Hollmann, Jason Kucharek, Harry Lyles, Ruben Nora, Richard L. Ellison, Frank Villalobos, Edgar Alcala, Herman Hernandez, Chris Mitchell, Dana Broshar, John Bernardino, Sam Thompson, Gary Gracely, Jr., Eddie Escobar, Jason Brinckman, Carl Miller, Jason Taylor, Sam Vasquez, Rob Blackmon, Chris Focht, An Nguyen y Ray Ramirez.

15

Sharon Iriye, Bob Malehorn, Lisa Sadowsky, Barry
McIntosh, Rita Vogel, Nancy Nicolisi, Lisa Montoya, Robert
Pacheco, Lynn Coleman, Julie Vetica, Pat Alviso, David
Crawford, Kenneth Easum, Annette Cooper, Peggy McNabb,
Barbara Kolar, Pat Clark, Teresa Branham, Steve Burkhard,
Paula Cross, Sheila Konfino y Chris Dwyer refirieron clientes
para entrevistar o ayudaron de otras maneras. Su ayuda fue de
valor incalculable.

Para esta edición, también entrevisté a Barry McIntosh,
educador de padres, New Mexico Young Fathers Project; a
Carlos Balladares, administrador de casos bilingües, NMYFP;
a Jesus Gonzales, ex administrador de casos, NMYEP; a Mara
Duncan, maestra, West County Detention Facility, Richmond,
California; a Darryl Green, Male Services Facilitator, Casey
Family Services, Baltimore, Maryland; a Judy Bauerle,
educadora de salud jubilada, ex jefe del programa Read to Me
para padres encarcelados. Aprecio muchísimo el discernimiento que todos compartieron conmigo.

Angela Allen-Hess, maestra del Teen Parent Program,
Paramount, California, proporcionó la mayoría de las fotos.
Sus maravillosos alumnos le sirvieron de modelos. Ciertas
fotos fueron proporcionadas por David Crawford, maestro de
Teen Parent, Sacramento, California.

Jean Brunelli, PHN, revisó el manuscrito y ofreció
sugerencias útiles.

Tim Rinker es el artista de la portada. Sigo apreciando su
creatividad.

Agradezco profundamente las contribuciones de todas estas
talentosas personas.

Eve Wright una vez más ayudó en la corrección de pruebas
y mantuvo a Morning Glory Press sana y salva durante la
producción del libro. Mil gracias por su inestimable ayuda.

Sobre todo, aprecio a Bob (ya fenecido), el maravilloso padre de nuestros cinco hijos, y mi amor de todo un medio siglo.

Jeanne Lindsay

A los padres jóvenes
que compartieron su discernimiento
y su amor por los niños
tan francamente en estas páginas.

"Un buen padre es alguien que está presente para sus niños". (Danny)

1

Especialmente para papá

- **Si no resides con tu bebé**
- **Si tú y mami no están juntos**
- **Establecer la paternidad**

Lo difícil es que todavía eres chiquillo. No puedes negarlo. Tú mismo te metiste en este lío.

Ojalá que yo nunca hubiera tenido hijos. Hay mucho que me gustaría hacer en este momento, pero a lo hecho, pecho. Tengo que hacerle frente aunque a veces me digo "esto apesta". Veo a mis amigos que no tienen hijos y me dan ganas de estar como ellos.

Ahora tengo que pensar en mi bebé cuando camino por la calle. Se siente uno raro. Ahora tengo que preocuparme por nosotros tres. Es difícil.

Andy, 17 – Gus, 5 meses
(Yolanda, 15)

*Un buen padre es alguien que está presente para sus
hijos, para enseñarles, atenderlos, quererlos, mostrarles
cómo vivir la vida. Yo quiero ser un buen papá.*
Danny, 18 – Ashley, 15 meses; Aaron, 3 semanas (Desiree, 16)

Si eres padre adolescente – o pronto lo vas a ser — ¿y tú
qué? Hay quienes dicen que los padres adolescentes no se
preocupan por sus bebés. Lo único que quieren es embarazar a las muchachas. Dicen que los padres adolescentes se
olvidan de sus hijos y de la madre de sus hijos.

Ciertos padres adolescentes no se involucran. Algunos
pueden dar la impresión de que no se preocupan por sus
hijos. Pero probablemente tú no eres así. Si lo fueras, no
estarías leyendo este libro.

Tal vez resides con la madre de tu bebé. Puede ser que
estén casados, aunque menos de una de cinco madres adolescentes está casada cuando nace el bebé.

Si no resides con tu bebé

A lo mejor tienes una relación intensa con la madre de tu
bebé aunque no residan en la misma casa. Tal vez asistieron
juntos a las clases de preparación para el parto. A lo mejor
estuviste bien involucrado entrenando a la madre durante los
dolores de parto y el alumbramiento. Es posible que atiendas a
tu bebé lo más posible.

Si el padre y la madre del bebé no están casados, ¿cuánto
"se debe" incluir al padre? Si la joven familia reside junta,
probablemente toman el asunto de la crianza de la misma
manera en que lo hacen las parejas casadas. Si no residen
juntos, no existe un modelo listo como guía.

Muchos padres que no residen con sus niños quieren rela-
cionarse con ellos. Miguel es ejemplo de esto. Residió con la
madre de su hija varios meses después del nacimiento de
Genevieve. De hecho, si pudiera, todavía estaría residiendo
con su familia. Pero como no le es posible, pasa todo el
tiempo que puede con Genevieve.

> *Seguiré manteniendo a Genevieve siempre que*
> *pueda y comprándole lo que necesita. Hoy no fui a*
> *trabajar y me quedé con Genny todo el día. No sólo es*
> *mi hija – es como una amiguita.*
>
> *Jugué con ella todo el día. Es muy activa – me cansa,*
> *pero la quiero tanto que haría cualquier cosa por ella.*
>
> *Es bien lista. Hace cosas que nunca me hubiera*
> *imaginado que podía hacer. Le digo que me traiga un*
> *pañal. Lo hace y yo la abrazo. Cada vez que hace algo*
> *bueno, le doy un abrazo.*

Miguel, 20 – Genevieve, 18 meses (Maurine, 16)

Si tú y mami no están juntos

> *A mí me parece que los padres desaparecen porque*
> *tienen miedo.*
>
> *Aunque no estés con la mamá de tu bebé, aun así*
> *puedes tener un papel en la vida de tu criatura. Si tú y*
> *la mamá no se llevan bien, eso no quiere decir que no*
> *puedes ver a tu bebé.*

Tiger, 19 – Chanté, 18 meses (Crystal, 18)

Si no estás con la mamá de tu bebé, aun así puedes relacionarte con tu hijo. A no ser que la corte lo prohiba, tienes el derecho de ver a tu hijo y pasar ratos con él. Si en este momento no puedes ayudar monetariamente, comparte tu tiempo.

En ciertos estados, la visita está unida con la mantención o manutención, pero no es así en la mayor parte de los estados. Por lo general, el padre tiene el derecho de ver a su hijo ya sea que pague o no pague mantención.

De acuerdo con la ley, el padre tiene derecho a estar con su hijo parte del tiempo. Ciertos padres tienen la custodia de sus hijos.

Cuando el padre y la madre no se ponen de acuerdo deben consultar con un abogado o un grupo de asistencia legal.

Establecer la paternidad

Yo no quiero ser como mi padre y por eso voy a esta-
blecer la paternidad a fines de este mes. Quiero man-
tener contacto con mi hijo, hacer cosas con él.

Lester, 17 – Shaquille, 16 meses (Traci, 16)

Si tú y la madre del bebé no están casados, es importante
que establezcas la paternidad. Esto significa que tú y ella
tienen que firmar documentos legales donde se declara que
tú eres el padre de tu bebé. Si no lo hacen, tu bebé probablemente no pueda obtener Seguro Social, beneficios de seguros,
de veteranos y otros que le tocarían por parte tuya. Ésta es
también la única manera legal que tiene un padre soltero para
establecer su derecho a visita o custodia. Por lo general, la
manera más fácil de declarar paternidad es firmar el formu-
lario inmediatamente después del alumbramiento, mientras tu
pareja y el bebé están todavía en el hospital.

Cuando visites a tu niño, lleva un apunte de las visitas.
Pide un recibo escrito por el dinero que das para mantención
del menor. Si tienes que ir a la corte, vas a necesitar esos
documentos escritos. Dicho sea de paso, trata de no amenazar
verbalmente a la mamá de tu bebé. Las amenazas se pueden
considerar en contra tuya en la corte, lo cual puede resultar en
negarte los derechos a visitas. Tu bebé lleva las de ganar si tú
y la madre, aunque no estén juntos, pueden hacer a un lado las
diferencias cuando se trata del bebé que tienen en común.

Tu bebé te necesita. Si aún no has terminado en la escuela,
a lo mejor no puedes pagar la parte que te toca para la mantención del menor. Lo cierto es que éste es el momento para
adquirir destrezas laborales o de trabajo para pronto poder
contribuir con por lo menos la mitad para los gastos
necesarios de tu bebé.

No tienes que esperar hasta que tengas más edad para
darle a tu niño amor, atención y apoyo emocional. Aunque no
puedas pagar todas las cuentas en este momento, puedes dar

apoyo de otras maneras. De eso trata este libro.

Yo ni siquiera pensé en marcharme porque eso fue
lo que mi padre le hizo a mi madre. Yo crecí odiándolo
porque no estaba presente para mí cuando lo necesitaba.
¿Por qué voy yo a arruinarle la vida a mi hija de esa
manera?
La última vez que vi a mi padre fue a los cinco años.
Tengo una mala imagen de él. Lo vimos en la acera y yo
le dije "hola" y él me ignoró.

Jacob, 19 – Sophie, 7 meses (Lynette, 18)

No es fácil

Muchos padres jóvenes discuten las dificultades de tener
hijos antes de tiempo. Por supuesto que es difícil. Criar a un
niño es una de las tareas más arduas –y gratificadoras—de un
ser humano. Un embarazo antes de tiempo cambia por completo la vida de una joven.

También te cambia la vida a ti. Muchos padres adolescentes
optan por apoyar y participar en la atención del niño. Lo hacen
aunque enfrentan obstáculos y sueños destrozados al igual que
la madre del bebé. Saben lo importante que es la influencia del
padre en su hijo o hija.

Tener un bebé me cambió mucho la vida. Tuve que
dejar de hacer casi todo, fiestas, pasar el rato. Tenía que
enfocarme en Jaysay, en suplir sus necesidades. Tengo
que ser maduro y hacer frente a lo que sea que necesita,
tengo que ser hombre porque ahora tengo responsabili-
dades.

Darrance, 17 – Jaysay, 1 año (Victoria, 17)

Cuando eliges este camino, verás crecer a tu bebé. En primer lugar, la vas a ver cuando se convierte en párvula adorable
e independiente. Puedes estar presente cuando ella transita por
la niñez. Finalmente, la puedes ver convertirse en una persona
adulta madura y responsable.

¡Qué oportunidad tan maravillosa!

"¿Qué harías si tuviéramos un hijo?" (Marc)

2

¿Está embarazada?

- La prueba temprana de embarazo es esencial
- ¿Cómo te sientes por este embarazo?
- Los padres de ella o lo mejor te rechazan
- ¡No abandones la escuela!
- La importancia de la escuela para mamá
- La adopción sigue siendo una opción
- Los derechos del padre cuando hay adopción
- Tu apoyo emocional es esencial

Fue todo un golpe para mí. Yo no quería ser padre. Era demasiado joven. Pensé que sólo era diversión. Y en eso Trudy me dijo algo serio de verdad. Ella vivía a la vuelta de mi cuadra y traté de no encontrarme con ella.

Me desaparecí por un tiempo. Entonces volví con Trudy. Mi papá se marchó cuando yo nací. Yo no quería lo mismo para mi bebé.

Trudy andaba malhumorada, siempre irritable. Ella también tenía miedo, pero no me presionó. Yo le decía y le decía que no la iba a dejar.

No estuve con ella en el

*hospital. Eso fue porque el papá de ella no gusta de mí.
No vi a Nathan sino hasta la semana de nacido.*

*Yo me la pasaba de ocioso por la calle durante el
embarazo de Trudy. Después que nació Nathan cambié.
Cuando vi a mi niño, cómo se parece a mí, me calmé.*

*Me salí de la escuela porque no teníamos plata.
Conseguí trabajo. Después volví a la escuela el otoño
pasado.*

*El mes entrante voy otra vez a estudio indepen-
diente. Es que necesitamos más plata y por eso tengo
que volver a trabajar.*

Esteban, 18 – Nathan, 2; Ralph, 5 meses (Trudy, 17)

*Cuando Melinda me dijo que estaba embarazada, no
me fui para mi casa. Me fui a casa de un amigo y me
emborraché. Me dije "Bueno, ella me ha preguntado
varias veces '¿Qué harías si tuviéramos un hijo?'"*

*Me sentía abrumado. Yo vivía con mi papá y él me
echó de la casa.*

*Me dijo "Tienes que asumir la responsabilidad,
tienes que conseguir un trabajo e irte a atenderla".
Así es que me fui a vivir con ella. Las cosas están
funcionando.*

Marc, 16 – Koary, 14 meses (Melinda, 18)

La prueba temprana de embarazo es esencial

*La acompañé para el ultrasonido y para la primera
prueba de embarazo. Primero hicimos una prueba en
casa y salió positiva, pero queríamos estar seguros y
fuimos al hospital para una prueba de sangre.*

*Con el ultrasonido nos enteramos de que era
varoncito.*

Todd, 18 – Avery, 6 meses (Celia, 19)

¿Creen tú y tu compañera que ella está embarazada pero
no están seguros? Que vaya a consultar con el médico. Una
prueba temprana de embarazo es importante por muchos
motivos:

- A lo mejor no está embarazada y si los dos no quieren un embarazo, tienen dos opciones: abstenerse de las relaciones sexuales o si no, usar control de la natalidad.

- Ella tiene más opciones al principio del embarazo. Podría decidirse por un aborto. El aborto es más seguro y fácil para la mujer si lo tiene durante las primeras doce semanas de embarazo. Ella tiene el derecho legal de decidir pro o contra el aborto ya sea que tú estés de acuerdo o en desacuerdo.

Yo no estaba muy contento con el embarazo. Traté de persuadirla para que abortara pero ella no quiso. Yo la seguía presionando hasta que decía, "okay, okay" sólo para que me callara. Pero no lo hizo.

Si tienes edad para la actividad sexual, tienes que ser capaz de enfrentar las responsabilidades que eso genera.

El padre no tiene opción en lo que la muchacha quiere hacer. La opción es de ella porque ella es la que lleva adentro al bebé.

Yo no tenía opción, pero también le hice saber lo que podría pasar.

Pensé que era demasiado joven. Ser padre me fastidiaría la vida. Ahora que tengo a Katie, estoy feliz.

Ryan, 17 – Katie, 7 semanas (Jennifer, 18)

- Ella tiene que ver al médico si continúa con el embarazo. El médico le va a ayudar a atender al bebé nonato para que nazca saludable.

- Ciertas parejas optan por dar al bebé en adopción. Es mejor hacer los planes de adopción bastante temprano en el embarazo, aunque la decisión final no se puede tomar sino hasta después de nacido el bebé.

Con lo importante que es la atención prenatal, ir al médico es muy costoso. ¿Tienes seguro médico en el trabajo? ¿O puede obtener atención prenatal por medio del plan de su

familia de ella? Si no, ¿es elegible para Medicaid? Averigua
en el Department of Public Social Services (Welfare
Department) más cercano.

En ciertas áreas existen clínicas de salud prenatal. Las mujeres pueden hacerse exámenes prenatales gratis, o si tienen
que pagar, el pagoes de acuerdo con sus recursos económicos.

¿Cómo te sientes por este embarazo?

*Al principio fue toda una sacudida. No sabía qué
hacer. Supongo que lo negaba, pero para mis adentros,
bien profundo, sabía que era cierto.*

*Después, no sé cómo, me pareció agradable; voy a
tener mi propio hijo, mi propia sangre. Antes del embarazo de Lynette, yo era vago. Pero cuando me enteré,
conseguí empleo enseguida.*

                          Jacob, 19 – Sophie, 7 meses (Lynette, 18)

Al enterarse del embarazo de su pareja, ciertos padres
adolescentes se sienten felices. Al mismo tiempo, a lo mejor
sienten temor porque piensan en las responsabilidades que se
acercan.

*Me asusté cuando me dijo que estaba embarazada.
Yo estaba trabajando, pero no tenía idea de cómo iba
a mantenerla a ella y al bebé. Ni siquiera podía mantenerme a mí bien a derechas.*

*También me emocioné. Estaba feliz, pero al mismo
tiempo tenía miedo.*

*Yo sabía que todo iba ser diferente. Nada iba a ser lo
mismo nunca más. Sentía como que se me iba a quitar
la libertad. No podía ir y venir a mi antojo, pero quería
hacer lo correcto. Yo quería que mi hija tuviese un
padre.*

                          Carlos, 19 – Elena, 23 meses (Monica, 18)

Tu niño necesita tu cariño y cuidado. También necesita
apoyo económico. La ley manda que tanto el padre como la
madre mantengan al niño.

Los padres de ella a lo mejor te rechazan

Tuve problemas con la mamá de ella y siempre había hostilidad. Realmente, yo no gustaba de ella y ella no gustaba de mí.

La señora tuvo a Aracely a los 17 años y no quería lo mismo para Aracely.

Sergio – 17; Yvette, 11 meses (Aracely, 17)

Los padres de tu pareja a lo mejor no te quieren por los alrededores. La hija de ellos ya no es la adolescente despreocupada de antes. Ahora o pronto va a tener que ser una madre que trabaja arduamente, y tal vez ellos te culpan a ti.

Los papás de ella y yo éramos muy allegados. Cuando se enteraron del embarazo de Darlene, se enojaron mucho conmigo. No me querían en su casa. Ahora después de nacido el bebé, están muy contentos. Han vuelto a gustar de mí.

Te sientes realmente disminuido cuando te rechazan. Eso era lo que estaban haciendo. Yo me aferré porque

¿Estoy preparado para un bebé?

de corazón quería estar con mi niño.
Yo le decía a Darlene: "Entiendo por qué se sienten
así, pero ¿por qué no nos dan una oportunidad?"
Manuel, 18 – Juan, 27 meses; Darcy, 13 meses (Darlene, 18)

Si enfrentas ese problema con los padres de tu pareja, a lo
mejor los puedes convencer ya que eres el padre de su nieto y
quieres ser el mejor padre posible para tu hijo. Es posible que
se den cuenta de que, de veras, eres una influencia positiva
para ese nieto que probablemente adoran.

Va a funcionar. Cuando el papá de ella se ponía
bravo conmigo y me largaba de su casa, yo me iba.
Entonces yo volvía al día siguiente y arreglábamos los
problemas. Mientras más dialogamos y estrechamos
nuestros lazos, mejor va a ser.
Alvaro, 17 (Sophia, 17 – 6 meses de embarazo)

¡No abandones la escuela!

Jocelyn me escribió una carta en la escuela en que
me decía que estaba asustada porque no había tenido el
período.
Enseguida me alteré mucho. Tenía mucho miedo.
Yo no tenía idea de cómo ser padre. Sólo necesitaba un
crédito más para graduarme, pero todo sucedió tan rápido, ¿cómo voy a atender a un bebé sin dinero? Me salí
y conseguí empleo.
Tim, 20 – Chamique, 21 meses (Jocelyn, 19)

Unos jóvenes abandonan la escuela cuando se enteran del
embarazo de su pareja. Se les ocurre que tienen que conseguir
empleo y mantener a la familia.

¿Es eso lo que piensas tú? Es una decisión difícil. Si te
sales de la escuela, probablemente no vas a conseguir un empleo bien remunerado. Sin siquiera un diploma de secundaria,
tal vez nunca logres ganar lo suficiente para mantener a tu
familia a tu gusto.

Si tienes que trabajar a tiempo completo, debes matricularte en el programa de estudio independiente o estudio y trabajo de tu escuela.

La mayoría de los jóvenes necesita buena consejería para trabajo. Tal vez en tu escuela te pueden informar sobre capacitación laboral. Capacitación laboral intensiva en este momento te puede ayudar a obtener un empleo con futuro.

Los padres y las madres que continúan sus estudios y tienen buenos empleos obviamente están en mejor posición que los que abandonan la escuela y tienen que aceptar cualquier trabajo que encuentren, aunque pague poco.

Lo primero que quiero hacer es obtener mi GED [General Equivalency Diploma] y seguir adelante, después, capacitarme con computadoras. Me preocupa un poquito el futuro. No quiero llegar a viejo y estar ganando sólo salario mínimo. Quiero tener seguridad económica.

Miguel, 20 – Genevieve, 18 meses (Maurine, 16)

Shaun estaba matriculado en la universidad cuando se enteró de que pronto iba a ser papá. Con la ayuda de sus padres, sigue sus estudios. Dice que eso es lo mejor que puede hacer en este momento:

El resultado de la prueba de embarazo fue un golpe. Lloré con ella. Durante un par de semanas no puedes ni pensar. Yo estaba en la universidad y sabía que quería continuar.

Iba a tener un bebé que atender. Tenía que estudiar todos los años de universidad. Tenía la esperanza de que mis padres me comprendieran y me ayudaran, y así lo han hecho.

Si no me quedaba en la escuela, no podría conseguir un buen empleo. Tendría que trabajar en algo sin futuro. Mejor lucho un par de años siguientes. Eso es mejor que luchar por el resto de nuestras vidas.

Shaun, 19 – Troy, 2 meses (Bethann, 17)

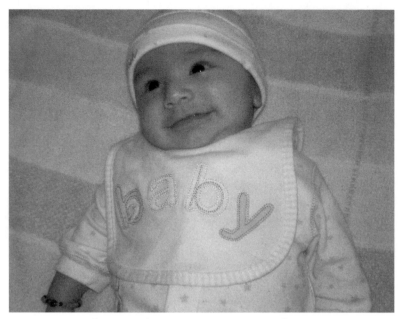

Le gustaría que mami y papi aprendieran
el arte y las destrezas de la crianza.

La importancia de la escuela para mamá

Me perturbé porque ella se iba a salir de la escuela.
Me gustaría que terminara sus estudios lo antes posible.
Su diploma de secundaria es muy importante y ella está
de acuerdo conmigo.

Shaun

¿Está en la escuela tu pareja? Si no se ha graduado, es importante que continúe con sus estudios. Ella, lo mismo que tú, necesita educación y destrezas laborales.

No es legal que las escuelas echen a nadie por embarazo o porque están casados. Sin embargo, tal vez ella prefiera un programa especial para madres y padres de edad escolar. Pregúntale a tu consejera si existe un programa de esa clase en tu distrito escolar. Si opta por un programa especial, puede tomar clases de salud prenatal y de crianza. También puede obtener ayuda para resolver problemas ocasionados por el embarazo.

Si los dos están en la misma escuela, tú puedes matricularte en la clase especial con ella. De hecho, si tu escuela ofrece clase de crianza, te darán la bienvenida aunque la mamá del bebé no esté en esa escuela.

Cuando supe que Donia estaba embarazada, pensé que yo tenía que involucrarme. Busqué ayuda por todas partes que me fuera posible. Hablé con gente del Teen Parent Program en nuestra escuela y me dijeron que a lo mejor yo iba a ser el único varón.

Me matriculé. Lo consideré una buena oportunidad para dar el ejemplo a otros papás adolescentes, para que fueran a un programa donde de veras les pueden ayudar.

Emilio, 17 – Alejandro, 3 semanas (Donia, 15)

Para obtener ayuda como ésa, pregúntale a la consejera de la escuela. Si no hay consejera, pregúntale a una trabajadora social, o si no, tal vez existe un programa para papás adolescentes en una iglesia o sinagoga del área.

Jocelyn estaba en la clase de crianza en la escuela y yo estaba con Bob (programa de consejería). Era un grupo de cinco o seis tipos. Aunque me salí de la escuela, yo iba a ese grupo. En el grupo, Bob hablaba de lo que debía y lo que no debía hacer un padre.

Estaba él allí principalmente para ayudarnos con lo que necesitábamos – conseguirnos WIC, ropa para el bebé, otros recursos.

Tim

La adopción sigue siendo una opción

La mayoría de las adolescentes embarazadas o abortan o llevan a término el embarazo y crían a su criatura por sí mismas. Pero existe otra opción: la adopción.

Una o dos generaciones atrás, ciertas adolescentes solteras y embarazadas decidían que otra familia criara a su criatura. No esperaban ver a su hijo o hija nunca más. A esto se le llamaba adopción cerrada. Era algo sumamente abrumador para las madres naturales o biológicas.

La adopción ha cambiado. Hoy en día, las embarazadas y sus parejas que piensan en adopción tal vez hasta elijan a quienes van a criar a su hijo/hija. Hasta pueden llegar a conocer a esas personas. Juntos, puede que accedan a que los padres biológicos vean a la criatura ocasionalmente. A lo mejor intercambian cartas y fotos año tras año. A esto se le llama adopción abierta.

Durante el embarazo, tú y tu pareja tienen que formular un plan. Para muchos, éste es un plan de crianza. Para otros, es un plan de adopción. Sea de una forma u otra, lo que se planea es el futuro de tu hijo/hija.

Los derechos del padre cuando hay adopción

Las leyes de adopción varían de un estado a otro. En Canadá, cada provincia tiene diferentes leyes de adopción.

La madre natural o biológica tiene que firmar los documentos de adopción. Por lo general, el padre natural o biológico también tiene que firmarlos.

Usualmente, la adopción puede realizarse si el padre firma uno de los siguientes documentos:

Opciones legales del padre

1. Dar permiso para la adopción.

2. Negar que él es el padre.

3. Abdicar del derecho a su hijo/hija.

¿Qué tal si tu pareja se decide por la adopción y tú decides no firmar nada? Las leyes estatales varían. Si tú te niegas a firmar, la adopción puede tardar más o puede que no se haga.

Tu apoyo emocional es esencial

Tu apoyo emocional es importante para tu pareja. Probablemente es lo más importante que le puedes ofrecer en este momento.

La mayoría de las embarazadas se malhumora fácilmente

durante el embarazo. Esto sucede por los cambios hormonales. No tiene que ver para nada que el embarazo sea planeado o no. A cualquier edad, esos cambios hormonales son muy reales. Si se pone gruñona, ten paciencia.

Es posible que tu pareja tenga otros problemas. Los padres tal vez estén molestos por el embarazo. A ella le es difícil continuar con los estudios. El futuro puede tener cara de miedo. Tu apoyo le puede ayudar a enfrentar todo eso.

A lo mejor tú también te vas a sentir presionado y confuso por tu situación. Trata de conversar con un adulto de confianza, bien informado. Esto te puede servir.

Justin y Janel decidieron mantener el embarazo en secreto hasta el último minuto. Janel ni siquiera se lo dijo a su mejor amiga. Esto fue muy difícil para ella porque sentía que necesitaba el apoyo de su amiga:

> *Janel quería poder hablar con alguien, y a veces casi se descontrolaba y decía: "No puedo. Tengo que decírselo a alguien". Pero yo la convencía. Le decía: "Oye, escucha, sólo falta un mes o dos, y tu papá o me mata o me aporrea si se lo decimos ahora". Ella no quería que sucediera nada de eso.*
>
> Justin – 20; Niele, 2; Alan, 3 meses (Janel, 19)

Cuando por fin se lo dijeron a los padres de ella, poco antes del parto, ambos pares de padres lo aceptaron tan bien que sorprendió a los jóvenes. Hubiera sido mucho mejor para Janel (y para Justin) compartir sus noticias mucho antes y obtener la ayuda que necesitaban.

El hecho de que estés leyendo este libro significa que estás dando los pasos necesarios para contribuir a que las cosas marchen mejor. El capítulo siguiente sugiere distintas maneras en que tú puedes involucrarte en la crianza de tu hijo antes de que nazca.

Cuando estás presente durante el embarazo, ya llevas una ventaja temprana para la crianza.

La puedes instar a que coma lo que necesita el bebé.

3

La crianza empieza con el embarazo

- Chequeo del bebé
- ¿Está caprichosa?
- A lo mejor no se siente bien
- Ayuda con las molestias
- Compartir tu tiempo
- Lo que come es importante
- Limitar la grasa
- El dilema de la comida rápida
- Fumar es perjudicial para el feto
- Las drogas y el embarazo
- Síndrome de alcohol fetal (SAF)
- Apego o enlace con tu bebé
- El bebé se siente estrujado
- Tienes una tarea importante

Mi vida cambió muchísimo durante el embarazo. Casi no salíamos y más bien nos quedábamos en casa.

Le daban náuseas 24 horas al día. Una vez se sentía bien pero tenía una panza gigante y tenía que ir al baño a cada rato. Yo sabía lo que estaba pasando y decidí que tenía que tomar las cosas día por día.

Greg, 17 – Liana, 1 año
(Nicole, 17)

Pasé mucho rato con ella durante el embarazo porque la bebé era lo más importante para mí. Aunque cometas un error, no puedes

37

decir que un bebé es un error porque es lo más mara-vil-
loso. Tienes que cuidarlo lo más que puedas.
Khusba, 22 – Merlalcia, 11/2 años (Aurora, 17)

La crianza empieza con el embarazo. Tú y tu pareja pueden
hacer mucho para ayudar a que tu bebé sea saludable y fuerte.
La futura mamá debe consultar con el médico por lo
menos una vez al mes, y con más frecuencia durante el
último trimestre. El médico probablemente va a querer
verla semanalmente durante el último mes.

Durante el embarazo de Jocely yo estuve con ella
en cada cita, cada ultrasonido. Estuve presente para
todo.
Tim, 20 – Chamique, 21 meses (Jocelyn, 19)

Estas visitas son sumamente importantes para ella y para
tu bebé. Si puedes acompañarla, es probable que tu pareja
aprecie mucho tu apoyo. Tú te vas a sentir más allegado a tu
bebé, especialmente cuando el médico te permite escuchar
los latidos del corazón de la criatura o cuando ves la placa de
ultrasonido.

Chequeo del bebé

Ultrasonido: *Prueba que emplea ondas sonoras.*
Estas ondas muestran el contorno
del bebé en el útero.

El médico de tu pareja a lo mejor va a hablar de ultrasonido. Esto se hace en el consultorio médico o en un laboratorio.
El ultrasonido no duele en lo más mínimo. Se toma para
ver el crecimiento del bebé. También predice la fecha del
alumbramiento. Ciertos defectos de nacimiento se pueden
descubrir con ultrasonido. Puede indicar si es niño o niña.
(Pero en esto puede haber error).
¿Le van a hacer sultrasonido a la embarazada? De ser
así, pídele copia al médico. Se trata de un retrato de tu bebé,

aunque no se parece mucho a una fotografía.

Durante el embarazo, el médico mandará que se haga pruebas de sangre varias veces. Una va a mostrar el tipo de sangre que tiene la futura mamá. Otro se llama AFP (las siglas en inglés de alpha feta protein), para medirle la proteína en la sangre. Muchos médicos prefieren esta prueba a la de ultrasonido.

¿Está caprichosa?

Ella va a actuar de modo diferente—va a estar mucho más caprichosa. Tienes que entender eso, y es muy duro. Por mi parte, creo que no manejé muy bien el asunto.

Tienes que pensar en cómo se siente ella. Lo principal es que no se siente bonita y tiene miedo de que el bebé nazca así como ella.

Ambos enfrentan mucha presión. Todavía eres joven pero tienes que responsabilizarte. Es el periodo de los grandes cambios.

Zach, 19 – Kevin, 20 meses (Erica, 16)

¿Estás notando que tu pareja está más caprichosa y malhumorada que antes? Las hormonas en su cuerpo están cambiando a todo dar a medida que el bebé se desarrolla – y esto contribuye a su humor. Además, puede ser que tenga demasiado en que pensar y considere que tiene demasiadas decisiones que tomar.

Estaba más gruñona durante el embarazo. Nos veíamos tres o cuatro veces por semana y lo que hacíamos era pelear.

El padre debe bregar con el asunto, sea cual sea su humor, hazle cara. Si ella te hace enojar, debes salir de la casa, irte al parque y relajarte. No le des la espalda porque eso la hiere mucho.

Jermaine, 18 – Amy, 1 año (Angela, 17)

Si puedes tener paciencia cuando ella está de mal humor, tal vez súper consideración, a lo mejor ella se sienta

mejor. Trata de no hacer ni decir nada que pueda empeorar
esos malos humores. La depresión continua puede afectar
negativamente a tu bebé. Recuerda que, por seguro, ¡no estará
embarazada permanentemente!

A lo mejor no se siente bien

Aunque esté viendo al médico con regularidad, puede ser
que tu pareja no se sienta bien en todo momento. El embarazo
produce cambios en el cuerpo de una mujer. Ciertos cambios
son agradables, pero otros son desagradables.

Muchas mujeres tienen náuseas matinales durante los
primeros tres meses. Vomitar todas las mañanas es bien
difícil. Si tu pareja se siente mal, exhórtala a que tome agua
tibia o té (infusión) de hierbas y coma galletas de soda.
Comer comidas pequeñas con más frecuencia puede servirle.
Nunca debe tomar medicinas sin receta si el médico no le da
la aprobación.

Es probable que se sienta cansada largos ratos. Esto es
porque el cuerpo se está preparando para el bebé. Puedes
instarla a que tome siestecitas y tú puedes hacer ejercicio con
ella. Una pequeña caminata después del almuerzo o de la cena
puede ser tan beneficiosa como una siesta.

El doctor dijo que a ella le haría bien caminar, de
modo que yo la invitaba a caminar. Ella decía: "Tene-
mos un auto. Vamos a usarlo".
Yo le decía: "Sólo vamos a la tienda de la esquina".
Yo la ayudaba a levantarse y caminábamos y con-
versábamos.
                    Alton, 17 – Britney y Jakela, 1 años (Sharrell, 19)

Ella va a tener que ir al baño con mayor frecuencia, especialmente durante la primera parte del embarazo y durante los
últimos dos o tres meses antes de dar a luz.

La provisión de sangre le cambia durante el embarazo. El
útero crece rápidamente, lo cual atrae más sangre a la parte
inferior del útero. A lo mejor a veces se siente mareada,

especialmente si ha estado de pie bastante rato. Si esto sucede, tú le puedes ayudar a que se acueste y ponga los pies en posición más alta que la cabeza. Si no le es posible hacerlo, se debe sentar y meter la cabeza entre las rodillas, luego respirar lo más profundamente que pueda.

Ayuda con las molestias

Es posible que se queje de acidez estomacal. En ese caso, puede probar a comer poquito en cada comida pero más a menudo, evitar comidas grasosas y comer más frutas y legumbres, hortalizas o vegetales. Con estas cosas también se ayuda a evitar el estreñimiento, un problema común durante las últimas semanas del embarazo.

Los senos a lo mejor se le ensanchan y se le ponen más sensibles. Es que esos senos se están preparando para darle leche al bebé. Hasta puede ser que ella ya haya notado un pequeño goteo de calostro, la primera leche de una madre, de cuando en cuando. Ciertas mamás gotean antes que otras, pero cuando están embarazadas, los senos de todas las mujeres se preparan para dar el pecho. ¿Te dio el pecho a ti tu mamá?

Éste es un buen momento para dialogar sobre los beneficios de darle de mamar al bebé. Los bebés amamantados casi siempre resultan más saludables que los que toman fórmula.

A medida que el embarazo progresa, el útero se agranda y ejerce presión en varios otros órganos. Por eso es que a menudo se le acorta la respiración y tiene dolencias en la espalda. Si duerme sobre varias almohadas más, tal vez se sienta mejor.

Si hace ejercicio durante el transcurso del embarazo, es probable que tenga menos dolor de espalda. Si le duele la espalda, posiblemente el calor la puede hacer sentir mejor pero no se recomienda que duerma sobre una almohadilla eléctrica.

Una frotación en la espalda le puede servir, así que tal vez te convenga desarrollar tus destrezas de masajista. Si descansa con las piernas en alto, eso le sirve tanto para la espalda como para las piernas.

Compartir tu tiempo

Fue difícil. Ella quería que yo estuviese allí todo el tiempo. Si salía con mis amigos, ella se disgustaba. Yo intentaba calmarla. Se sentía sola y tenía miedo de que el bebé naciera antes de tiempo. Yo razonaba con ella y ella entendía. Si no razonas con ella durante el embarazo, se imagina que algo anda mal.

Antes de que saliera embarazada, yo casi siempre andaba con mis amigos. Después me puse a pensar que tengo que cambiar, por mi bebé. Tengo que dejar de salir – hay muchos problemas donde vivo. Eso me hizo cambiar un poquito.

Hugo, 16 – Breanna, 9 meses

(Marcella, 18)

Tal vez se siente gorda y fea. Reasegúrale que el embarazo es también un momento hermoso.

En este momento, ella necesita tu apoyo emocional. A lo mejor se cree gorda y fea y que a ti ya ella no te importa. Tranquilízala, dile que está embarazada y hermosa.

Es posible que necesite que tú pases más tiempo con ella. Esto puede ser muchísimo más importante que gastar dinero.

A lo mejor necesita conversar sobre el futuro – la relación contigo o la crianza del bebé. Puede ser que tenga temor de lo que va a traer el futuro y necesita que le reiteres que no va a estar sola. A menudo los papás adolescentes también tienen temor de lo que traerá el futuro pero no tienen la habilidad para adimitirlo a nadie. Las pláticas francas pueden ser reconfortantes para ella y para ti.

Puede haber actividad sexual si a ella no le duele. En los últimos meses del embarazo, el canal de nacimiento se acorta y posiblemente tengas que buscar posiciones nuevas para el coito. Las relaciones sexuales deben pararse si ella sangra o se le rompe la fuente.

Ya sea que tengan o no tengan actividad sexual durante el embarazo, muchas parejas sienten una intimidad especial durante este período.

Lo que come es importante

Celia tenía que comer más cuando estaba embarazada. Antes era bulímica, y siempre ha comido poco, así que consideramos eso.

Todd, 18 – Avery 6 meses (Celia, 19)

Ínstala a que coma lo que ella y el bebé necesitan. Una madre que no come apropiadamente podría tener un bebé imperfecto, especialmente si su propio cuerpo aún se encuentra en crecimiento y maduración. Probablemente va a tener un bebé saludable si:

- durante el embarazo come lo que ella y el bebé necesitan;
- no toca el alcohol, los cigarrillos ni las drogas, inclusive la cafeína;
- visita al médico a intervalos regulares.

Tú le puedes ayudar a hacer todas esas cosas.

Cuando Bethann estaba embarazada, yo me encargué del asunto. Me aseguraba de que comiera adecuadamente. Yo la llevaba al médico. Me hice una especie de perro guardián para ella.

Shaun, 19 – Troy, 2 meses (Bethann, 17)

Si es ella como casi todo el mundo, no va a querer que le den sermones sobre su manera de comer. Pero si Uds. dos pasan bastante tiempo juntos, tú puedes influir mucho en el asunto. Los alimentos que necesita ella también son buenos para ti. Consulta el sitio <MyPyramid.com> Es una excelente guía para la buena nutrición.

Si tú comes regularmente lo que se recomienda de cada grupo en MyPyramid, y si comes muy poca comida chatarra, va a ser más fácil para ella emularte. Y tanto tú como ella se van a sentir mejor.

La futura mamá también debe beber de 6 a 8 vasos de agua diariamente. El agua es mucho mejor que la soda para ella y para tu bebé. Demasiada soda puede ocasionar deshidratación, lo cual puede ser bastante serio.

> *Durante el embarazo, yo cocinaba para ella – le preparaba la cena. Le picaba las frutas y la instaba a que comiera alimentos saludables.*
>
> *Yo también cambié mi dieta – es decir, empecé a comer de modo más saludable. También mejoré mis habilidades culinarias.*
>
> Emilio, 17 – Alejandro, 3 semanas (Donia, 15)

Tú y tu pareja necesitan comer diariamente alimentos de los cinco grupos enumerados en **MyPyramid**:

- **Proteína** – carne, aves, pescado, huevos, frijoles habichuelas: 3 raciones
- **Productos lácteos** – leche, yogur, queso: 4 raciones
- **Granos** – pan, cereales, espagueti: 6 raciones
- **Hortalizas/legumbres/vegetales** – 3 – 5 raciones
- **Frutas** – 2 – 4 raciones

Si la futura mamá se siente mal o tiene acidez, comer puede ser especialmente problemático. A veces no va a tener ni un poquito de hambre, pero aún así necesita comer por el bien del bebé. ¡El bebé tiene hambre! Necesita un abastecimiento constante de alimento por medio del flujo sanguíneo de la madre. Si ella no sabe muy bien lo que debe comer, que consulte con el médico, la maestra de educación prenatal, o la nutricionista. Muy pocos consumimos una dieta perfecta todos los días. Por eso es que el médico de tu pareja le va a recetar vitaminas prenatales.

Limitar la grasa

Disminuir el consumo de grasa en la comida puede ser muy beneficioso para ella y para ti. Alimentos con mucha grasa incluyen:

* carnes frías, perros calientes/salchichas
* postres como "pies" y "cream puffs"
* panecillos dulces, donas
* "chips" (papitas; totopos)
* todo lo que sea frito en grasa abundante

Aunque toda mamá es diferente, casi todas las adolescentes embarazadas deben engordar entre 28 y 40 libras durante el embarazo. Una dieta para rebajar durante este período puede ser perjudicial para el bebé.

Las adolescentes embarazadas a menudo se preocupan por el mucho aumento de peso. Si la muchacha come mucha comida chatarra, puede enfrentar tal problema. Si consume papas fritas y sodas de cola muy a menudo, lo más probable es que va a engordar mucho.

En vez de merendar con papas fritas o "chips", alimentos nutritivos como frutas frescas, maní/cacahuate, yogur y leche les darán a ella y a ti energía de más larga duración sin muchas calorías. Estos alimientos también le dan más energía al bebé.

El dilema de la comida rápida

Si a ti y a tu pareja les gustan las comidas rápidas, aún así pueden optar por productos saludables. Si decides ser un buen modelo, por ejemplo, no pidas una quesoburguesa con queso doble, papas fritas y soda. Esta combinación tiene muchísimas grasas y calorías e incluye muy pocos vegetales y excluye las frutas.

Lo que debes pedir es pollo al carbón (no frito), leche semidescremada y ensalada. Esta comida proporciona mucha proteína y una cantidad razonable de calorías. El contenido de grasa es mucho más bajo. Comer mucha comida chatarra le dará mucho sodio (sal) a la futura mamá. Las embarazadas a lo mejor le echan sal a lo que preparan para darle gusto, pero la comida chatarra viene ya salada.

Ínstala durante todo el embarazo a que coma los alimentos que necesita. ¡Tú bebé se los agradecerá a los dos!

Fumar es perjudicial para el feto

Cuando tú y tu pareja fuman, el bebé nonato también fuma. Aun en una habitación llena de humo o en un auto es difícil para un feto. Esto puede ocasionar un alumbramiento prematuro, o muy bajo peso al nacer, o ambas cosas.

Jennifer dejó de fumar en seco. Nunca fue ni bebedora ni drogadicta. Dejamos de salir mucho con los amigos porque no queríamos estar en ambientes muy humosos.

Ryan, 17 – Katie, 7 semanas (Jennifer, 18)

¿Fuma tu pareja? A lo mejor tú puedes ayudarla a dejar el tabaquismo. No debe haber nadie fumando cerca del bebé.

Es difícil dejar el hábito, especialmente cuando has fumado muchos años. Yo la insté a dejar de fumar y ella lo hizo en seco. Yo también dejé de fumar.

Ivan, 16 (Heather, 8 meses de embarazo)

Las drogas y el embarazo

Si mamá es drogadicta durante el embarazo, tu bebé va a sufrir los efectos durante toda su vida. Una criatura expuesta a drogas antes de nacer puede ser retardada mental. Además, puede tener otros problemas, tales como:

- discapacidades de aprendizaje
- lenguaje demorado
- hiperactividad
- destrezas limitadas para jugar
- otras condiciones que interfieren con una vida normal

Los bebés que nacen adictos a menudo son discapacitados.

En calidad de adicto, a un bebé se lo pueden quitar a su madre los servicios de protección y pueden enviarlo a un hogar de crianza.

Crac, cocaína y cristal (crank) son todas drogas con el mismo efecto. Todas tres causan pequeños hoyos en el cerebro y hacen que la placenta se separe antes de tiempo.

Los efectos de la cocaína, crac y cristal a lo mejor no se notan al nacer. Los padres pueden pensar que han tenido suerte. Los problemas a lo mejor no se empiezan a notar sino hasta que la criatura entra en la escuela.

Fumar marihuana también afecta a tu bebé nonato. Reduce el suministro de oxígeno al bebé, lo cual puede ocasionar daños al cerebro.

Las drogas que se venden "sin receta" también pueden ser problemáticas. La dosis apropiada para la madre puede significar una dosis gigantesca para el bebé. Ciertos remedios para la tos y el resfriado contienen alcohol. Para tomar estos y otros medicamentos comunes se debe consultar con el médico.

Síndrome de alcohol fetal (SAF)

¿Les gustan las fiestas a ti y a tu pareja? Si es así, a ella la pueden tentar el alcohol y las drogas. Tal vez decidos ayudarla con tu buen ejemplo. Si tú no bebes ni eres drogadicto, será más fácil para ella. Por seguro que tú no quieres que ella arriesgue a tu bebé nonato.

El síndrome de alcohol fetal (SAF, o FAS por las siglas en inglés) afecta a los bebés cuyas madres ingirieron alcohol durante el embarazo. El alcohol puede perjudicar a tu bebé física y mentalmente. Aun cantidades pequeñas de cerveza, vino y otras bebidas alcohólicas pueden hacerle daño al bebé.

Un bebé con SAF o FAS puede nacer de tamaño muy pequeño, especialmente la cabeza. A diferencia de casi todos los recién nacidos de tamaño pequeño, estos bebés nunca se nivelan.

El cerebro de estos niños es casi siempre de menor tamaño

de lo normal. El resultado: retardación mental. Los bebés con
SAF a menudo son nerviosos. Usualmente tienen problemas
de comportamiento. Casi la mitad de todos los bebés con SAF
tienen defectos cardíacos. Quiere decir que un bebé necesita
cirugía.

Los órganos vitales de tu bebé se desarrollan a principios
del embarazo. Éste es el momento más peligroso para que la
mamá ingiera alcohol.

Apego o enlace con tu bebé

Si pasas bastantes ratos con tu pareja durante el embarazo,
es probable que también empieces a sentirte apegado a tu
bebé... aun antes de que nazca. Christian concuerda:

*Cuando Kailey estaba embarazada, la cosa era rara
– yo la recogía en el trabajo. Apenas el bebé me escu-
chaba, se empezaba a mover. Y cuando yo le hablaba
a él y le frotaba la barriga a Kailey, se movía como loco.*

Christian, 18 – Cory, 2 (Kailey, 17)

A lo mejor ya sabes que leerle a tu bebé tiene un gran im-
pacto en su habilidad de aprendizaje. Pero, ¿has considerado
leerle antes de que nazca?

*Nosotros le leíamos a Merlalcia antes de que na-
ciera. Yo llamaba a Aurora y le decía: "no te olvides de
leerle". Merlalcia ahora adora los libros.*

*Todas las noches me dice "papa, papa" y me da un
montón de libros. Prefiere los libros a la TV. Me parece
que le debes leer a tu bebé antes de nacer porque eso es
lo que más le gusta ahora.*

Khushba

El bebé se siente estrujado

La bebé produce grasa y aumenta de peso durante
las últimas diez semanas. Hasta ese momento no ha tenido
mucha grasa. La grasa proporciona energía para el crecimiento
rápido. También le da suavidad y curvas al cuerpo. La grasa

hace que tengamos ganas de abrazar y arrullar al bebé. También protege a la criatura del frío y del calor.

El bebé ya puede vivir externamente. Pero no está preparado para nacer. Si nace antes de las 36 semanas de gestación, tendrá que quedarse en el hospital para "terminar" su desarrollo. Esto puede tomar entre diez y doce semanas. Los bebés que nacen muy prematuramente muchas veces tienen problemas. Ciertos bebecitos superarán esos problemas, pero otros no.

A las 40 semanas, el bebé promedio pesa 71/2 libras y mide 20 – 22 pulgadas. Su mamá ha aumentado por lo menos 25 libras durante el embarazo. Tu bebé está ahora preparado para la vida externamente.

Tienes una tarea importante

Las embarazadas adolescentes tienden a crecer rápidamente. Tienen que enfrentar los cambios físicos del embarazo e igualmente enfrentan otros grandes cambios en la vida.

Si no estás muy compenetrado con ella durante el embarazo, puede ser difícil que entiendas. Aunque estés con ella, es posible que te sea difícil enfrentar sus caprichos. A lo mejor no es tan agradable estar con ella como antes. Con el paso de los meses, tal vez enfoque más su atención en el bebé.

El padre tiene una tarea importante durante el embarazo – apoyarla a ella. Nosotros peleábamos mucho, pero yo nunca le dije que se veía mal. Cuando están embarazadas, de por sí tienen una autoestima muy baja y tú tienes que ser solidario, completamente solidario.

Zach

Cuando el padre y la madre se apoyan mutuamente, le hacen un gran favor a su bebé.

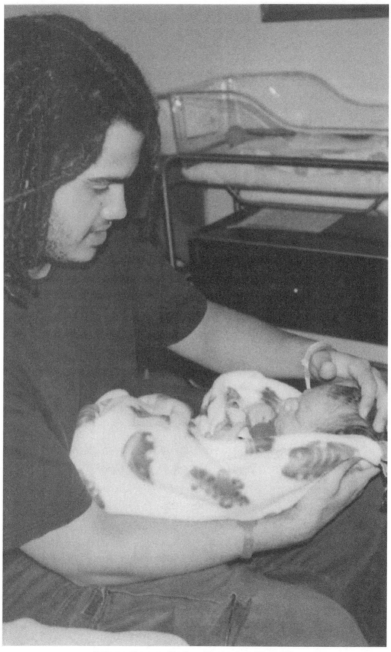

"Cuando por fin la vi, era tan linda".

4

El nacimiento de tu bebé

Un día le dan todos esos calambres. No me imaginé que era gran cosa y me fui al trabajo. Me llamó al trabajo para decirme: "Chris, voy a dar a luz". Mi cuñado me recogió en el trabajo y Kailey estaba en el auto. Yo no sabía qué hacer. Llegamos, la admiten. El bebé nació tres horas más tarde.

Yo le corté el cordón umbilical – una experiencia totalmente novedosa para mí. No lo pudimos tocar enseguida porque estaba muy frío y lo metieron en una incubadora por 30 minutos. Entonces nos lo dieron en brazos y ella le dio el pecho.

Christian, 18 – Cory, 2 (Kailey, 17)

La noche que le dieron los dolores a Jocelyn estábamos celebrando nuestro aniversario. Estábamos sentados y me dijo que tenía mucho dolor. Llamé al médico; llegamos al hospital en 10 minutos.

Estuvo de parto 11 horas.

Cuando corté el cordón, me salió una lágrima de los ojos. Miré a mi bebé y me sentí sorprendido. Estaba feliz, realmente feliz.

Tim, 20 – Chamique, 21 meses (Jocelyn, 19)

A Lynette se le rompió la fuente como a las 6 de la mañana. Yo estaba nervioso pero logré mantenerme en calma. Nos fuimos al hospital enseguida y nos metieron en un cuarto por cuatro o cinco horas. No daba miedo, pero yo veía el dolor en la cara de Lynette y no podía hacer nada. En mis adentros, deseaba que no pasara nada malo.

Nos metieron en la sala del alumbramiento y vi todo por completo. Vi cuando salió Sophie y lo primero que hizo fue abrir los ojos. No lloró sino hasta más tarde. Fue lo más hermoso del mundo ver cómo se desarrolla una vida.

Después fui a ver a Lynette y le trajeron a Sophie. Era una cosita de nada y a mí me daba miedo tocarla.

Jacob, 19 – Sophie, 7 meses (Lynette, 18)

Tu pareja probablemente va a estar pensando en el parto y alumbramiento desde los cinco o seis meses de embarazo. Ciertas madres describen el nacimiento de su bebé como lo máximo en su vida pero otras son mucho más negativas. Cada persona tiene una experiencia diferente.

Preparación para el alumbramiento

Tomar una clase de preparación para el alumbramiento junto con tu pareja es un buen plan. Inscríbanse temprano porque los cupos se pueden llenar rápidamente. Si tú puedes ser su entrenador durante los dolores y el alumbramiento, puedes ayudarle a manejar el nacimiento de tu bebé de manera más positiva. Casi todos los hospitales hoy día se centran en la familia, instan a los entrenadores a que estén con la madre durante los dolores de parto, el alumbramiento y la recuperación. Averigua cuántas personas pueden estar con ella durante el nacimiento.

Si la mamá de ella, o una amiga (o ambas), quieren ser entrenadoras, comparte las funciones con ellas.

A veces, las contracciones le dan dolor. Cuando la madre tiene una contracción, se siente como que el útero aprieta. La barriga se le endurece porque el bebé está empujando. Las contracciones ayudan a empujar al bebé hacia afuera.

Las contracciones pueden causar malestar y, en ciertas mujeres, bastante dolor. Si tomas clases de preparación para el alumbramiento junto con tu pareja, ambos van a aprender cuál es la mejor manera para que ella respire durante las contracciones para que el parto y el alumbramiento le sean más fáciles.

Ella también va a aprender ejercicios de relajación que le van a servir para prepararse para el parto y el alumbramiento. Tú puedes practicar los ejercicios con ella.

La clase de preparación para el alumbramiento me sirvió mucho. Me mostró lo que es de esperar. Aprendí a respirar y cómo controlarme. Con cada contracción, traté de mantenerme en calma.

Si piensas que va a ser algo horrible, va a ser peor. Si te mantienes calmada, no es ni tan doloroso ni tan difícil.

Delia, 16 – Kelsey, 7 meses (Randy, 17)

La preparación para el alumbramiento no quiere decir un sólo "método" como Lamaze. Existen varios métodos. A veces, al alumbramiento preparado se le llama alumbramiento "natural". Esto no significa que a la madre no se le puede proporcionar medicamento para aliviar el dolor. Pero con preparación, a lo mejor no necesita tantas drogas.

Tú y tu pareja deben conversar con el médico acerca de la manera de aliviar el dolor durante el parto. La madre tiene que estar al tanto de las opciones disponibles antes de que empiece el parto. Aunque no quiera drogas durante el parto/alumbramiento, tanto tú como ella deben enterarse de las opciones.

Si ella quiere medicamentos para aliviar el dolor, a lo mejor le ponen epidural. Éste es un proceso por el cual el anestesiólogo coloca un catéter/una sonda en la parte inferior de la espalda. Se inyecta entonces un medicamento similar al que emplea el dentista para disminuir el dolor. Esto causa adormecimiento desde el ombligo hasta las piernas.

A lo mejor tiene "dolores de parto falsos"

Durante las últimas semanas de embarazo, el cuerpo de tu pareja se está preparando para dar a luz al bebé. El útero puede empezar a practicar para el gran evento. A lo mejor ella siente contracciones tempranas. A estas contracciones o "dolores de parto falsos" se les llama contracciones de Braxton-Hicks o pre-término. Si puede relajarse y trabajar ahora con el bebé, es probable que tenga menos molestias cuando verdaderamente empieza el parto.

Ciertas mamás no tienen estas contracciones de pre-parto. Otras las tienen de manera intermitente durante varias semanas. Si es el parto verdadero, las contracciones no se le quitan.

Señas tempranas del parto

Durante el embarazo, el cuello del útero (la cerviz) queda sellado con un tapón mucoso. Este tapón impide que los gérmenes que se encuentran en la vagina penetren en el útero. Si los gérmenes pudieran llegar al bebé nonato, podrían causarle una infección.

Cuando este tapón se sale, es una señal de que el parto va a empezar pronto. Pero ciertas madres nunca se dan cuenta del tapón mucoso. Para ellas, el parto empieza cuando se rompe la fuente. La fuente es el saco que forra el útero cuando el bebé crece en él.

Cuando esto sucede, va a sentir un chorro de agua tibia. Le sigue saliendo a pesar de todo lo que ella trate de hacer por pararlo.

> *Tara estaba en un mercado de pulgas con su mamá cuando se le rompió la fuente como a las 11 de la mañana. Me llamaron a la escuela y me fui. Se quedó en casa hasta la 1:30. Su tía, su mamá y yo la llevamos al hospital.*
>
> *Como a las 8:00 esa noche le dieron una droga para que le empezaran las contracciones. Para las 10:30 las tenía muy fuertes y Alexis nació a las 12:38. Yo estaba allí cuando nació. Es difícil describirlo –es maravilloso porque es parte de ti. Lo difícil fue ver a Tara pasando por tanto dolor.*
>
> *El doctor me preguntó si quería cortarle el cordón umbilical y yo le dije "seguro que sí". Es increíble.*
>
> *Cuando le permitieron a Tara que tuviera a Alexis en brazos, fue maravilloso. Yo tomé video de todo.*
>
> Dennis, 17 – Alexis, 6 meses (Tara, 20)

Para algunas otras mujeres, las contracciones son la seña de que el parto está por empezar. O si no, la madre puede sentir dolor de espalda y sentirse "pesada" cuando empieza el parto. Los ejercicios de alumbramiento preparado en este momento por lo general sirven bastante.

El papel de su entrenador

Lo más importante es que tú estés con ella para darle ánimo durante el parto. El entrenador puede ayudar de varias maneras:

- Asegurarle que no está sola.
- Confortarla. Hacerla sentir lo mejor posible.
- Darle apoyo tanto emocional como físico.
- Ayudar en la comunicación de ella con otros y de otros

con ella.

- Recordarle los "instrumentos" que aprendió en la clase preparatoria para el alumbramiento y las "tretas" que tú recuerdas de la clase.

Quédate cerca de ella en todo momento. Préstale tus ojos amorosos, tus sonrisas alentadoras. Proporciónale todo el confort de que seas capaz.

- Sosténle las manos para ayudarle a aliviar el dolor. Frótale la espalda, los pies, o donde ella quiera. Consíguele lo que necesite.

- Dale todo el apoyo emocional durante todo el tiempo que lo necesite. Exprésale cómo te sientes de manera cariñosa, atenta, cálida. Dale tu fuerza. Dale la asistencia técnica que ambos aprendieron en la clase de preparación.:

- Relajación – patrones de respiración

- Concentración – conocimiento versus temor

- Posiciones para el parto y el alumbramiento

Tú sólo tienes que hacer lo que te sea fácil o lo que te haga sentir bien. Nadie espera que sepas todo ni que recuerdes lo que va a dar resultado y lo que no lo va a dar. Si no estás seguro, pregúntale a la enfermera. Pero recuerda que se trata del nacimiento de tu bebé.

Me llamaron a las 3:30 de la madrugada. Me fui para el hospital con mi mamá. Entré al cuarto y Marie estaba acostada. Al principio sentí náuseas porque no me gustan las agujas y le pusieron Demerol.

Marie estuvo de parto por ocho horas. Yo le tenía las manos entre las mías, le daba trocitos de hielo, le ponía compresas frías en la frente.

En realidad, yo estaba emocionado. Fue lo máximo ver nacer a mi bebé. Yo le corté el cordón umbilical y fue la mejor de las experiencias. Cuando pasó todo, acuné a mi bebé.

Josh, 18 – Amber, 21/2 meses (Marie, 16)

Llevar cuenta del tiempo de las contracciones

Cuando empiecen las contracciones, tú o alguien debe llevar cuenta del tiempo. ¿Cuánto tiempo hay entre una y otra? Empieza la cuenta desde que comienza una contracción hasta que empieza la otra. Esto es el intervalo.

¿Cuánto tiempo toman? Cuenta desde que empieza una contracción hasta que termina. Esto se llama la duración. El médico te va a preguntar por el intervalo y la duración.

Cuando ella llegue al hospital, va a ir a una sala de parto y probablemente tú puedas ir con ella. Es posible que la enfermera le coloque un monitor fetal sobre el vientre. Éste es un aparato para medir las contracciones. Muestra el tiempo, la intensidad y cuán seguido ocurren. También lleva cuenta del pulso del bebé.

El médico o la enfermera medirá con frecuencia el progreso de tu bebé con un chequeo del cuello del útero para ver la dilatación.

El último período del parto se llama transición. Las contracciones van a ser fuertes. En este momento el parto casi ha terminado. Se está acercando el alumbramiento.

El bebé baja al canal de nacimiento. Se prepara para salir. En casi todos los hopitales la sala de parto es también la sala de dar a luz, y el lugar donde la mamá se va a recuperar del alumbramiento.

Durante el alumbramiento va a estar en una posición como la de un examen pélvico. La cabecera de la cama va a estar levantada como si fuera silla y la parte de los pies, caída para permitir el alumbramiento.

La parturienta a lo mejor tiene escalofríos. De ser así, pide una frazada o manta para cubrirle las piernas y el cuerpo. No es realmente frío. Es un cambio hormonal que la prepara para el alumbramiento.

Una vez en posición, puede ser que el médico le lave el área de dar a luz. Él observará cuidadosamente el progreso del bebé. Van a chequear el corazón del bebé con frecuencia. No te alarmes si le ponen oxígeno a la mamá para ayudar al bebé.

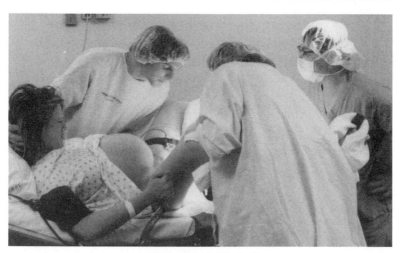

¡Ahí viene el bebé!

Simplemente, lo hacen para asegurarse de que todo va a salir
bien tanto para la mamá como para el bebé.

Fue una noche larga – estuvo de parto 121/2 horas.
Por momentos me aterraba al ver todo el dolor que
sufría ella. Te sientes un poco culpable.

Me senté a su lado y le dije que respirara. Le
pusieron una epidural pero estuvo alerta casi todo el
tiempo. Fue difícil. Yo no me imaginaba que iba a ser
tan terrible. Cuando nació la niña, sentí mucho orgullo.

Matt, 19 – Destini, 6 meses (Violet, 17)

Cuando la doctora o la partera decide que ya es hora, le
dice a la mamá que puje cuando tiene una contracción. Esto se
siente como si fueran ganas de evacuar.

Pujar demasiado temprano pude hacer que el cuello de la
matriz se hinche. La hinchazón puede causar una demora.
También puede hacer presión sobre la cabeza del bebé.

Caminé con Claudia a la sala de parto y me puse la
ropa de hospital. Yo estaba presente y cuando le decían
que pujara, me sentía como que yo también pujaba. Es
que yo hacía todo lo que el médico le decía a ella.

Adam, 17 – Brittaney, 10 meses (Claudia, 18)

Cuando se asoma la cabeza del bebé, se dice que es el coronamiento. ¡Qué palabra tan hermosa! Es la coronación de alguien muy importante – tu bebé.

Por lo general, se tarda una hora de pujo para que salga el bebé. Se sugieren tres buenos pujos con cada contracción. Muchas madres dicen que ésta es la parte más emocionante.

Justo antes del alumbramiento, el médico puede hacer una episiotomía. Se trata de una pequeña incisión para ensanchar la abertura vaginal para dar a luz al bebé. A veces los médicos la hacen para evitar que se rasgue el tejido. O si no, puede ser que le dé masaje al perineo (el área entre la vagina y el recto) para ayudar a que la abertura se estire sobre la cabeza del bebé.

Nace tu bebé

En la sala de parto daba un poquito de miedo. Había mucha sangre. Alexis tenía mucho dolor. Yo se lo veía en la cara y ella me apretaba la mano.

Entonces, así de repente, la cabeza de mi bebé empezó a salir. Al principio no quería salir, se echaba para atrás. Entonces, en un instante, nació mi hija.

El doctor me preguntó si quería cortarle el cordón umbilical. Primero dije que no porque pensé que le iba a hacer daño, pero me aseguraron que no había peligro. Así que se lo corté. Costó un poco de trabajo cortarlo.

Es toda una experiencia estar presente, medio aterradora, y yo estaba feliz.

Isaac, 18 – Brooke, 9 meses (Alexis, 17)

Con el coronamiento, el bebé pasa del cuerpo de la mamá a nuestro mundo de afuera. Al principio sólo vas a ver un poquito de la cabeza del bebé, luego un poquito más cada vez hasta que la cabeza completa sale y se voltea a un lado. Los hombros del bebé salen uno primero y otro después. Después, el resto del cuerpo sale rápidamente. ¡Todo esto en menos de cinco minutos!

En las últimas etapas del embarazo me aterré

*bastante pensando en todas las complicaciones. Eso fue
el terror más grande de mi vida porque yo quería que
mi bebé estuviera bien. Entonces cuando Kevin empezó
a salir, tuve aún más miedo. Por favor, que nada salga
mal. Tenía yo tanto terror.*

*Salió la cabeza y luego el cuerpo entero. Inmediata-
mente conté todos los dedos de las manos y los pies y
luego me fijé para ver si era niño o niña.*

*Para este momento yo estaba en éxtasis. Se me salían
las lágrimas. ¡Qué experiencia!*

*La enfermera le puso a Kevin en el pecho a Erica.
Yo le corté el cordón, besé a Erica y le dije: "Felicita-
ciones. Hiciste las cosas muy bien". Entonces acuné a
Kevin en mis brazos. Estaba convencido de que todo
valía la pena.*

Zach, 19 – Kevin, 20 meses (Erica, 16)

Tú y mami van a sentirse emocionadísimos. Se van a
enterar de si es niño o niña (si no lo han averiguado con un
ultrasonido). Van a enterarse de la condición de la nueva
personita. El doctor a lo mejor te pide que le ayudes a cortar
el cordón.

*A Jumana no le hizo efecto sino hasta después que
nació mi bebé y empezó a llorar en el hospital. A mí me
afectó igualmente, pero no lloré. ¡Tantas emociones al
mismo tiempo!*

Shane, 16 – Burke, 61/2 meses (Jumana, 15)

El aspecto de tu bebé

Tu recién nacido puede verse colorado, arrugado y preocu-
pado. Pero tú y su mamá probablemente van a consierarlo el
bebé más hermoso que jamás haya nacido.

*Al ver salir a Katie, lloré. Eso fue increíble. Yo nunca
tuve el mismo contacto físico con ella que tuvo Jennifer
durante el embarazo. Cuando por fin vi a
Katie, rompí a llorar, que era tan hermosa.*

Ryan, 17 – Katie, 7 semanas (Jennifer, 18)

La cabeza se le puede "moldear" durante el alumbramiento. En vez de verse redonda, puede parecer larga. Puede ser que también tenga chichones en la cabeza. Al necer, los huesos de la cabeza están blandos. Esto permite que la cabeza cambie un poquito de forma mientras pasa por el canal de nacimiento. Pronto la cabeza se le va a redondear otra vez.

El bebé a veces sale cubierto con una sustancia blanca cremosa. Se llama vernix o vernix caseosa y sirve para proteger la piel del bebé durante los nueve meses que pasa en el agua.

A veces los bebés nacen de color azuloso-morado, luego el color se vuelve grisáceo-blanco, luego rosáceo-marrón. Al nacer, la piel de los bebés negros está más clara de lo que será más adelante. La piel en la punta de la oreja tiene el color más cercano al color "real" del bebé. Los dedos de las manos y los pies a veces tardan más en cobrar el color permanente.

Cuando el bebé llora, la piel se le puede enrojecer y tener manchones. Esto también es normal.

Ciertos bebés lloran inmediatamente. A otros hay que sacarles primero el fluido mucoso o amniótico. La enfermera le sacará delicadamente esos fluidos de la boca y la nariz con una jeringuilla de perilla.

A veces un bebé nace untado con la sangre de la madre.

Liberación de la placenta

La liberación de la placenta o secundinas completa el proceso del nacimiento. La placenta ha alimentado a tu bebé por casi nueve meses. Ahora se separa de la pared uterina y sale. Esto sucede a los 15 minutos del alumbramiento.

De ser necesario, el médico repara la episiotomía con unos cuantos puntos. Le colocan a la mamá unas toallas sanitarias grandes. Durante unos cuantos días le va a salir un abundante flujo de sangre como cuando tiene el período o la regla, pero esto no es su período o regla normal.

El lugar donde estuvo la placenta tarda unas seis semanas en sanar. Nada debe penetrar la vagina de la madre hasta que haya sanado por completo.

Para algunas, una cesárea

Cesárea: Nacimiento de una criatura por medio
de una incisión en las paredes del abdomen.

---

*Kim tuvo dolores de parto antes de término y la
toxemia fue tan grande que la bebé estuvo en peligro.
Estuvo hospitalizada cinco días antes de que naciera
Kianna. Todo ese tiempo yo andaba aterrado. No le
podía ayudar.*

*Kim tenía la presión de la sangre bien alta y fue un
momento duro. Tuvieron que hacerle cesárea porque
Kianna venía de nalgas.*

Daric, 16 – Kianna, 1 año (Kim, 18)

Más o menos una de cada cinco mamás necesita cesárea.
Las razones para hacerla incluyen:

- El bebé es muy grande en comparación con el tamaño de
  la mamá (o sea, por "desproporción pélvica fetal")
- Los dolores del parto disminuyen o se paran.
- Puede haber cierto tipo de infección, como herpes.
- Placenta previa (la placenta cubre el interior del cuello de
  la matriz).
- Peligro fetal (el bebé peligra) o peligro maternal (la mamá
  peligra).
- La posición del bebé es un problema. Puede ser de nalgas
  (el trasero primero) o atravesado (de lado)
- Falla en dilatar lo suficiente para que la cabeza del bebé
  pase por el canal de nacimiento (o sea, "falla de pro-
  gresar").
- Pre-madurez.

*El parto y alumbramiento fue cosa de locura. El
asunto fue raro. Tiffany tenía la presión alta y nos dijeron que nos iban a dejar allí toda la noche. Decidieron
inducir el parto. Yo me iba a ir para la casa a dormir,*

pero me llamaron apenas llegué para decirme que tenían que hacerle cesárea.

Eso no fue chiste, pero fue rápido. Yo lo vi todo. Fue muy duro. Me parece que fue difícil para los dos.

Zaid, 19 – Amber, 15 meses (Tiffany, 20)

Cuando salió definitivamente y lo vi llorando, eso fue uno de los momentos más felices de mi vida. Es un momento que te hace sentir realmente bien.

Shane

La primera prueba del bebé

La enfermera va a medir las reacciones del bebé. A esto se le llama prueba o puntuación de Apgar. Se le hace al bebé apenas nace. Le volverán a hacer la prueba unos cuantos minutos después; las puntuaciones van de 0 a 10. Casi todos los bebés registran entre 6 y 9.

La prueba de Apgar mide:

- color
- pulso
- llanto
- movimientos
- fuerza de la respiración

La enfermera pesará y medirá a tu bebé y la envolverá en una mantita. Puede ser que te la dé por un rato. Después la puede llevar a la guardería para observación. Posiblemente tú puedes ir a la guardería con tu bebé.

Me acuerdo de cómo la miraba. Esto es tan raro, esto es parte de mí, esto es nuestro. Pero daba miedo, porque me di cuenta de que algo dependía de mí. Daba miedo. Toda mi vida yo había dependido de otra persona. Todavía era así, y ahora alguien dependía de mí.

Zach

¡Tu vida ha cambiado!

"Ahí estaba yo todos los días estremecido y asombrado
de que éste es mi bebé". (Shane)

5

Atención para tu recién nacido

- Esos primeros días
- A conocer a tu bebé
- Relación de pareja
- Amamantar es lo mejor
- ¿Con qué frecuencia comerá?
- Nada de biberones apoyados/ recostados
- A los bebés no se les "malcría"
- Anuncio/aviso importante
- Los bebés y el cólico
- Lidiar con el sarpullido/la escaldadura de los pañales
- Ciertos bebés tienen necesidades especiales
- ¿Puedes tomar una clase de crianza?
- Mantenerte involucrado
- Un reto maravilloso

Cuando Jumana regresó a casa con Burke, ahí estaba yo todos los días estremecido y asombrado de que éste es mi bebé.
Shane, 16 – Burke, 61/2 meses (Jumana, 15)

Lo voy a ver todos los días a la salida de la escuela. Cuando llora, lo tomo en brazos. En la clase de parto y alumbramiento aprendí cómo lo debo tener en brazos en una posición confortable para él, cómo doblar la mantita, etc. para que se duerma.
Emilio, 17 – Alejandro, 3 semanas (Donia, 15)

*Esos primeros dos meses son frustrantes porque
lloran. Yo trataba de darle de comer pero él no comía y
yo me frustraba más. Tienes que estar consciente de que
va a ser así. Tienes que ser bien fuerte mentalmente y
mantener el control. Es difícil.*

*Yo no podía dormir porque cada 15 minutos tenía que
levantarme a darle un vistazo a Braxton esa pri-mera
semana. No duermen tranquilos – ni siquiera duermen.*

*A media noche, Susanne no se despertaba. Se tapaba
la cara con una almohada –era demasiado para ella. Yo
me enojaba por su falta de empuje. Me parecía que ella
no estaba haciendo lo suficiente, como que tenía un bebé
y ya no le importaba.*

*Yo me sentaba con Braxton y lo acunaba. Le cantaba
y le tocaba guitarra. Por un tiempo fue un problema
porque no descansaba lo suficiente. Perdí muchas clases
en la escuela.*

Antonio, 16 – Braxton, 4 meses (Susanne, 15)

Esos primeros días

*Nosotros nos turnábamos para darle de comer por la
noche. Por suerte Dustin empezó a dormir toda la noche
en poco tiempo. Lo hacíamos juntos. No hubiera sido
justo que yo me plantara y dijera no me voy a levantar,
no le voy a dar una mamila. Compartimos la responsabilidad de traerlo al mundo. Me parece que tenemos que
hacer las cosas mitad y mitad.*

Mark, 22 – Dustin, 2½ (Kelly Ellen, 20)

Tanto tú como tu pareja probablemente van a estar
cansadísimos las primeras semanas de nacido el bebé. Van a
perder sueño cuando el bebé se despierta de noche. Tu pareja
va a estar aun más cansada por los cambios hormonales mientras su cuerpo vuelve al estado de pre-embarazo o puerperio.

Si le hicieron episiotomía, los puntos le van a doler varios
días después de dar a luz. Le va a salir un líquido llamado
loquios durante durante dos a seis semanas después de

dar a luz.

En cierto modo por los cambios hormonales, es posible que esté triste algunas veces esas primeras semanas. Esta condición es tan frecuente que los médicos le llaman melancolía de posparto.

El mejor remedio para la melancolía de posparto es la ayuda con la atención al bebé. Dale ánimo a tu pareja para que haga algo por y para sí misma. Aún mejor, ¿alguien puede cuidar al bebé una o dos horas para que Uds. dos salgan juntos un rato? O si no, los tres pueden salir y hacer algo como nueva familia, tal vez ir al centro comercial o a visitar a algunos amigos.

Si la depresión le dura más de una o dos semanas, exhórtala a que consulte con su proveedor de atención médica.

A conocer a tu bebé

El regreso del hospital a casa fue rarísimo. Yo no percibía la realidad de que era padre. Tardé como una semana y entonces me golpeó – mi hijo lloraba y lloraba, me despertaba a media noche y teníamos que levantarnos y acunarlo. Yo estaba asustado, pero el primer mes fue emocionante.

Yo había vivido sin mi padre toda mi vida y quiero estar seguro de que Avery tiene un padre. A mí me parece que si hubiera tenido a un padre yo me habría comportado de otra manera, hubiera tenido la disci-plina necesaria y no me habría metido en el problema que he tenido. Sabes, decirle las cosas de los hombres.

Todd, 18 – Avery, 6 meses (Celia, 19)

Lo más importante de atender a tu bebé es llegar a conocerla – apegarse lo más fuertemente posible. Apegarte o establecer lazos con tu bebé se puede describir como enamorarse.

Cuando pones tu dedo en la palma de tu recién nacida, ella lo va a agarrar con fuerza. Pareciera como que con esto te dijera "te necesito tanto". Vas a sentir un tironcito de las cuerdas del corazón.

Si interactúas bastante con tu bebé –si la llevas en brazos, le hablas, platicas con ella cuando está despierta—te darás cuenta de que el apego sucede como debe ser.

Si no has tenido mucha experiencia con recién nacidos, que tu pareja te muestre cómo cambiar el pañal, dar de comer y mecer al bebé. Con la práctica, vas a sentir más confianza.

Advertencia para seguridad

Cuando acuestes a tu bebé solita, acuéstala siempre de espalda. Esto previene el síndrome de muerte infantil repentina (o SIDS por las siglas en inglés: (Sudden Infant Death Syndrome).

Tú eres el primer "juguete" de tu bebé y el más importante. Ella te va a mirar a los ojos largo rato. Recuerda que el autoconcepto se desarrolla según las personas nos responden. Tanto tú como su mami ponen la fundación para tal desarrollo.

Relación de pareja

¿Te has preguntado alguna vez cómo serán las relaciones sexuales después de dar a luz? A lo mejor te preguntas cuánto tiempo tienes que esperar. Tu pareja se puede preocupar de que si le va a doler o no. A lo mejor no quiere arriesgarse muy pronto. A lo mejor está tan cansada esas primeras semanas que no tiene el menor interés en las relaciones sexuales.

A las parejas se les recomienda usualmente que esperen hasta después del examen de seis semanas para tener coito otra vez. El tejido vaginal de ella puede estar todavía delicado las primeras veces. Tú y ella tienen que tener paciencia mutuamente. Si ella está dando el pecho, los senos pueden estar muy sensibles y posiblemente no quiere que se los toquen mucho. La abertura vaginal a lo mejor va a estar del mismo tamaño que antes del embarazo. Al principio, los jugos que ayudan a mantener el área húmeda pueden no funcionar bien. Un lubricante a base de agua, como la jalea KY, puede venir bien. Es muy importante recordar que entre cuatro y seis semanas posparto, el primer óvulo de la madre va a salir sin previo aviso. Esto sucede antes de que le venga el primer período normal. Por lo tanto, puede quedar embarazada la primera vez que tienen relaciones sexuales. ¡Ten la máxima precaución!

Amamantar es lo mejor

Muchas madres y muchos padres jóvenes optan por la leche materna para sus bebés. Saben que éste es el mejor alimento posible para su bebé:

- No hay que esperar.
- Protege al bebé de los gérmenes – tiene menos probabilidades de enfermar.
- Es más fácil de digerir.
- Le sabe mejor al bebé.

Además, es más fácil para mami y papi – no hay biberones /mamaderas/mamilas que esterilizar ni que calentar, ni fórmula para mezclar. Esto puede simplificarle la vida a una cansada mamá nueva. Dar el pecho también cuesta menos que la fórmula que se compra.

Ya sea o no que la mamá y el bebé reciban ayuda económica de los servicios sociales, puede que sean elegibles para recibir WIC (Special Supplemental Feeding Program for Women, Infants, and Children). Comunícate con el Public Health Department para mayor información. Es posible que puedan conseguir cupones para ciertos alimentos que necesita la mamá si está embarazada o lactante, y para fórmula si de eso se alimenta el bebé.

El programa de cupones de alimentos (Food Stamp) ayuda a alargar el dinero a familias elegibles. Pídele información a tu trabajadora social.

La asociación pediátrica (American Academy of Pediatrics, o AAP) recomienda amamantar a todos los bebés los primeros seis meses, y hasta todo el primer año si es posible. Los bebés

La leche materna le proporciona el mejor alimento posible a tu bebé.

amamantados tienden a ser más saludables que los que toman fórmula.

Claro está que la madre de tu bebé es quien decide si dar el pecho o no, pero tú le puedes dar ánimo para que lo haga por y para tu bebé. Una madre lactante tiene que cuidarse bien. Debe seguir comiendo los mismos alimentos buenos que necesitaba durante el embarazo y tomar más líquidos.

La lactancia probablemente va a funcionar mejor para los dos cuando al bebé no se le da biberón/mamila/mamadera durante el primer mes. Pero para el segundo mes, se le puede dar una mamadera de vez en cuando. Llegará un momento en que mami no va a poder estar con ella y la bebé va a tener que saber cómo comer del biberón. Darle una mamila te da la oportundad de darle de comer.

> *Aurora le dio el pecho un año. A veces se extraía la leche y la metía en la refrigeradora para que yo le pudiera dar el biberón a Merlalcia.*
>
> Khusba, 22 – Merlalcia, 1½ años (Aurora, 17)

Tú la puedes hacer eructar. Tú puedes acunarla para que se duerma en tus brazos después de comer.

Si usan fórmula, sencillamente sigue las instrucciones del paquete o envase. Por lo menos cierto tiempo, el bebé probablemente va a preferir su fórmula calentadita a temperatura corporal.

Calentar el biberón en el microondas es un peligro. El biberón/la mamadera/la mamila tal vez se sienta fresca, pero la fórmula adentro podría estar demasiado caliente y quemar a tu bebé. Es mejor calentar el biberón en una olla de agua caliente o en un calentador de biberón.

Tú la puedes bañar – o tal vez tú y su mami pueden hacer de los primeros baños un proyecto de equipo. También vas a compartir cuando el bebé está de mal humor. De hecho, ya sea o no que la mamá amamante, encontrarás muchísimas maneras de apegarte a tu recién nacido.

> *Nunca olvidaré la primera vez que tuve que cambiarle el pañal. Yo jamás había cambiado a un bebé. Me era rarírisimo porque nunca había tenido que cuidar a nadie, algo tan pequeñito que era mío. Anteriormente, ni siquiera me preocupaba por mí mismo y ahora tenía que prestarle mucha atención a él.*
>
> Andy, 17 – Gus, 5 meses (Yolanda, 15)

Cambiarle el pañal a tu bebé también puede ser divertido. Ésta es casi la única vez que un recién nacido está despierto, atento y sin comer. Tu bebé está aprendiendo mucho sobre el mundo que la rodea. Asegúrate de que durante los primeros días te vea la cara y escuche tu voz lo más posible.

Advertencia

Nunca dejes a tu bebé solo en una mesa de cambiar pañales, cama o cualquier otra superficie alta. Ni por un segundo. El bebé que ayer no se podía dar vuelta posiblemente lo puede hacer hoy.

> *Por lo general lo cambiamos en el suelo porque ahora se voltea. No lo ponemos en una mesa en ningún momento.*
>
> Bill, 19 – Billy, 6 meses (Jan, 17)

¿Con qué frecuencia comerá?

¿Con qué frecuencia se le debe dar de comer a la bebé? ¿Cada vez que tenga hambre? Los bebés todavía no saben qué hora es. Necesitan comer cuando tienen hambre, y las punzadas de hambre no tienen nada que ver con el reloj. ¡Ni tampoco lloran para que los pulmones hagan ejercicio! A veces la bebé no se tomará toda la mamadera/la mamila/ el biberón. No tienes que preocuparte – probablemente tenía menos hambre que otras veces. Su apetito va a variar de una comida a otra. Lo "suficiente" en una comida a lo mejor no es suficiente para la próxima.

Si el bebé no se alimenta exclusivamente del pecho, dale un biberón con agua de vez en cuando, especialmente durante la época de calor. Dale agua de botella o que haya sido hervida y refrescada. No le pongas azúcar al agua.

Nada de biberones apoyados/recostados

Cuando le des mamila a tu bebé, siempre debes sostenerla tú. No se te ocurra acostarlo y apuntalarle la mamadera en la boca, luego dejarlo para que beba solo.

Antes que nada, necesita el amor y el apoyo emocional que siente al estar en brazos, los tuyos o los de la mamá.

En segundo lugar, muchas infecciones de oído de un bebé son el resultado de un biberón apoyado. El conducto que va del oído a la garganta no tiene buen drenaje en la infancia. La leche, si no se "sirve" debidamente, puede devolverse a los oídos y causar la infección.

En tercer lugar, una mamila apoyada es algo peligroso para los recién nacidos. El bebé se puede ahogar con la leche que sale demasiado rápido del biberón apoyado. También se puede atorar con cuajos de leche si los escupe. Es posible que no pueda aclararse la garganta.

Ciertos bebés necesitan eructar varias veces durante una comida mientras que otros no quieren o no necesitan que se les interrumpa la comida. Varias posiciones para eructar son posibles:

— Colócalo de pie contra tu hombro.
— Sostenlo sentado en tu regazo.
— Colócalo boca abajo sobre tus rodillas.

Cualquiera sea la posición, frótale la espalda o dale

palmaditas leves hasta que eructe. Para muchos bebés, esto se hace rápidamente, pero otros requieren varios minutos de ayuda en esta importante tarea de eructar.

Los bebés necesitan mamar mucho, a veces más de lo que obtienen de la mamadera o del pecho. Que el bebé se chupe el puño o el pulgar no es problema. Igualmente, que use un consuelo/mamón/chupete. Eso sí, el consuelo no debe ser sustituto de atención, comida, o cambio de pañal que quiere y necesita cuando llora.

A los bebés no se les "malcría"

Avery lloraba mucho. Yo lo tomaba en brazos y lo mecía, le hablaba todo lo que podía. Ésa es la única manera de calmar a un bebé – mecerlo para que se duerma, cantarle, hablarle. Eso es principalmente lo que hice, hablarle, subirlo y bajarlo delicadamente.

Por ahí hubo quienes me decían que no lo tomara en brazos cada vez que lloraba. Yo les contestaba que no quiero dejarlo llorar. Si llora es porque algo anda mal. Llora por alguna razón.

Todd

Tú te has de preguntar: "¿La debo tomar en brazos cuando llora? ¿No va a pensar que puede obtener lo que quiera si llora?"

Sencillamente, tal idea no es cierta. Sí, va a llorar cuando necesita algo. También va a saber por las acciones cuál le va a responder

Cuando le satisfaces sus necesidades, le enseñas a que confíe en ti. ¡No la estás malcriando!

cuan-do llora, el padre o la madre. Va a formarse un sentido
básico de confianza en su mundo. Esa sensación de confianza
es lo más importante que puede aprender durante los primeros
meses de vida.

Cuando Breanna lloraba, yo la tomaba en brazos, la
paseaba por aquí y por allá, le daba un biberón. Cu-
ando yo me paraba con ella, Breanna dejaba de llorar.
Todavía le gusta que la tenga en brazos. Me hacía
sentir muy bien cuando dejaba de llorar cada vez que la
tomaba en brazos. Ella sabía que eso le daba seguridad.

Hugo, 16 – Breanna, 9 meses (Marcella, 18)

A casi todos los papás y a las mamás les encanta tener en
brazos a su bebé, tocarla, acariciarla. No te preocupes de que
la vas a malcriar en estos primeros meses. Los bebés menores
de seis meses no lloran por malcriadez. Lloran porque
necesitan algo y llorar es la única manera que tienen de
"hablarte". ¿Te has dado cuenta de que su llanto suena
diferente según lo que quiere o necesita?

Aunque ya le hayas dado de comer y le hayas cambiado
el pañal, y sabes que no tiene ni frío ni calor, a lo mejor aún
llora. Muchas veces es porque se siente sola. O puede ser que
le dé más cólico que a otros bebés.

A casi todos los bebés les encanta que los toquen, que los
tengan en brazos, que los acunen. Tu bebé acurrucadito en tus
brazos los hace sentir bien a los dos.

Cuando la bebé esté malhumorada, colócala de pie. Ponle
la cabeza cerca de tu hombro. En esa posición puede escuchar
los latidos de tu corazón. Esto la puede calmar. Hasta puede
hacer que se duerma.

Anuncio/aviso importante

A veces vas a hacer todo lo posible para el confort de tu
bebé y aún así va a llorar. Ten presente siempre que no llora
para molestarte. No llora porque tú las has malcriado. Llora
porque es la única manera que tiene de decirte que quiere

estar contigo.

Tal vez convendría que la sacaras de la casa. Puede ser que deje de llorar si ve algo nuevo y distinto. Una vuelta en el auto (asegurada en su asientito especial) podría calmarla. Ciertos padres informan que sus bebés se duermen apenas arranca el auto.

Ciertos bebés se duermen más fácilmente en su columpio. La música suave podría servir. Una cajita de música al pie de la cuna calma a ciertos bebés.

A veces tu bebé va a llorar porque no se siente bien. ¿Está afiebrada? ¿Le están saliendo los dientes? Consulta el capítulo 8 para enterarte de otras maneras de atender a la bebé cuando no se siente bien.

Si tu bebé que toma biberón/mamadera/mamila llora mucho, tal vez es porque la fórmula que toma no es la apropiada para ella. Consulta con tu proveedor de atención médica. A lo mejor esa persona te puede recomendar otra fórmula.

A medida que te familiarizas con tu bebé, encontrarás otras maneras de ayudarla a sentirse más confortable.

Estoy en una clase de crianza y la maestra nos dijo que cuando colocas a tu bebé en tu pecho desnudo, va a dejar de llorar. Hice la prueba y dio resultado.
Jamal, 16 – Valizette, 16 meses (Shawnté, 17)

Haz la prueba que hizo Jamal cuando tu bebé llore. El contacto de tu piel con la de ella posiblemente la calme y la haga sentir mejor.

Los bebés y el cólico

Ciertos bebés lloran y lloran y parece imposible confortarlos. Un bebé así puede tener cólico. En ese caso, pareciera como que tiene dolor de estómago y se ataca de llanto casi todas las noches.

De repente se le enrojece la cara; fruncirá el ceño, encogerá las piernas y pegará fuertes gritos. Lo tomas en brazos y tratas de confortarlo y él sigue gritando, a lo mejor unos 15 ó

20 minutos. Ya casi durmiéndose, empieza a gritar otra vez.
Posiblemente eche algo de gas.

Nadie sabe qué causa cólico. Por lo general, da como a la
misma hora todos los días. Durante el resto del día, ese mismo
bebé va a estar contento y alerta, va a comer bien y a
engordar.

Si tu bebé parece tener cólico, consulta con tu médico para
ver si existe algún otro problema. Si no, asegúrate de que el
bebé no tenga hambre, no esté mojado, ni tenga frío, ni se
sienta solo. Cuando le da un ataque de cólico, colocarlo boca
abajo sobre tus rodillas le puede dar algo de confort. Algunas
veces un baño tibio puede servir.

Lo bueno que se puede decir del cólico es que se le va a
quitar alrededor de los tres meses. Mientras tanto, será difícil
convivir con él por ese cólico. Confórtalo de la mejor manera
que puedas y piensa en el momento en que se va a acabar
el cólico.

Lidiar con el sarpullido/la escaldadura de los pañales

De cuando en cuando a los bebés les puede dar sarpullido
o escaldadura por tratamiento con antibióticos. Una segunda
causa puede ser alergia a los ingredientes de una marca
específica de pañales.

Puede ser reconfortante para el bebé ponerle algún pañito
tibio en el área. También le puedes rociar almidón de maíz en
el área enrojecida.

Las erupciones causadas por antibióticos posiblemente
requieran un ungüento con receta. No se te olvide pedirle a tu
proveedor de atención médica una receta para el ungüento la
próxima vez que recomiende un antibiótico para tu bebé.

Es más fácil prevenir el sarpullido/la escaldadura que curar
el mal. Para el confort de tu bebé –y el tuyo propio—cámbiale
el pañal con frecuencia. Y tienes que limpiarla muy bien cada
vez que lo hagas.

Ciertos bebés tienen necesidades especiales

Para ciertos padres, su recién nacido puede traerles retos especiales. Puede ser un problema de corta duración. Al principio, casi todos los padres que se enteran de la necesidad especial de su bebé no lo creen. Pero una vez que empiezan a reconocer que es cierto que algo puede andar mal, muchos padres se afanan por encontrar una cura para el problema.

Otros tratan de averiguar el por qué, y en ciertas ocasiones quieren echarle la culpa a alguien por lo que ha sucedido. Todas esas emociones son naturales, pero cuando el padre le echa la culpa a la madre y la madre al padre, por la condición del bebé, pueden suscitarse problemas. Otros padres se deprimen.

Hablar de todas esas emociones con alguien que conoce los detalles de la condición del bebé te puede beneficiar. Esa persona puede ser tu médico, una enfermera, la trabajadora social en el hospital, tu sacerdote, ministro, pastor, rabino, o imam.

También puede ser una persona de una de las muchas agencias comunitarias públicas y privadas que ayudan a las familias que tienen bebés especiales. Si tu bebé tiene necesidades especiales, no vaciles en pedir ayuda para entender lo que ha sucedido.

Zaid platicó sobre su hija, nacida dos meses antes:

Amber pesó tres libras catorce onzas y nació con el labio leporino y fisura palatina. La operamos del labio leporino como a los cinco meses y de la fisura palatina varios meses después. La gente debe tener conciencia de la suerte que tienen cuando su bebé no tiene problemas. Me parece que lo dan por sentado.

Nosotros fuimos a las reuniones de fisura palatina donde hay especialistas y nos dijeron cómo atender a nuestra bebé. Por ejemplo, teníamos que tener unos chupadores de biberón especiales. Hicimos todo lo posible por aprender lo que hay que saber sobre la situación.

Zaid, 19 – Amber, 15 meses (Tiffany, 20)

Para mayor información sobre bebés con necesidades especiales, consulta *Tu embarazo y el nacimiento de tu bebé*, capítulo 9.

¿Puedes tomar una clase de crianza?

¿Dan clases de crianza en tu escuela? ¿O dan clases nocturnas para adultos de atención a recién nacidos? Asistir a una buena clase de cianza te hará sentir más confianza en tu capacidad de atender a tu niño/niña.

> *Los padres tienen que ir a clases como ésta para saber realmente sobre el bebé. Ciertos hombres, cuando se enteran del embarazo, se alejan porque no saben nada de eso. Si aprenden lo que es, es más probable que se queden. Este bebé va a ser parte de tu vida hasta que mueras. Tienes que saber lo que haces.*
>
> Agie, 18 – Mia, 1 mes (Shalaine, 18)

De ser posible, asiste a las clases de crianza con la mamá de tu bebé. Muchas escuelas tienen clases especiales para padres/madres de edad escolar.

Algunos de los jóvenes que se citan en este libro asisten a una de esas clases. Allí hablan sobre el cuidado de sus bebés. También encuentran allí el apoyo de otros padres jóvenes como ellos.

Mantenerte involucrado

Más y más padres se están dando cuenta de que la relación con su hijo es mucho mejor si ellos se involucran en la atención de la criatura desde el principio. Saben que si sólo mami atiende al bebé, papi pierde.

> *La primera vez que manejé con Katie en el auto yo estaba merviosísimo. Venir a casa con ella fue un poquito diferente porque Jennifer y yo no íbamos para nuestro propio hogar. Estaba bien. Ahora ella está tan cerca como para ir allá en bicicleta y yo lo hago con la mayor frecuencia posible.*
>
> Ryan, 17 – Katie, 7 semanas (Jennifer, 18)

Si tú no resides con tu bebé y su mamá, todavía tienes que involucrarte lo más posible en su atención. Aprovecha el tiempo que pasas con tu niño. Cámbiale los pañales, dale la comida, mécelo, juega con él, y disfrútalo.

Si parece que mami no quiere que veas mucho a tu niño, háblalo con ella. A veces es difícil comunicar lo que uno siente sobre algo tan importante como la crianza de tu hijo. Es probable que te escuche más si:

- hablas cuando no estás perturbado o enfadado.
- vas al grano – el bienestar de tu hijo.
- no se apartan del asunto y no se ponen a pelear.

La mamá de tu bebé a lo mejor no tiene idea de lo que sientes tú. Es importante que se lo hagas saber –de manera amistosa- y le expliques lo importante que es para ti la crianza de tu hijo.

Ya sea que estés o no estés con la mamá de tu bebé, tú y tu bebé llevarán las de ganar si tú participas en la atención a tu bebé. Cuando lo haces, todo el mundo gana. Mamá tendrá algo de la ayuda que necesita con el bebé. Mientras más haces con tu bebé, más pronto vas a crear lazos con el niño. El bebé gana al tener a dos personas que lo quieren—papá y mamá.

Un reto maravilloso

Los primeros meses con un bebé ofrecen un verdadero reto para su papá y su mamá. Tu principal tarea es sencillamente satisfacer sus necesidades en todo lo posible.

Los bebés necesitan mucha atención. Necesitan todo el amor que les puedas dar, y toda la atención. Si no sienten tu amor, no se van a sentir seguros y a salvo.

Khusba

Entonces, dale de comer cuando tenga hambre. Cámbiale el pañal cuando esté mojado. Háblable, tómalo en brazos cuando se sienta solo. Él te recompensará al responderte más y más a medida que pasan los días.

Ahora necesita mucha atención.

6

Cuando gatea — ¡cuidado!

- **Juguetes para el bebé**
- **Al responder le das confianza**
- **Los temores del bebé**
- **Ansiedad frente a los desconocidos**
- **Escucha y "habla"**
- **La curiosidad lleva a gatear**
- **Le salen los dientes a tu bebé**
- **El síndrome de biberón/mamila/ mamadera**
- **La rutina a la hora de acostarse es importante**
- **Jugar juntos**

Ahora Burke está en la etapa en que golpea las cosas . . . Es regordetito, de ojos hermosos. Todo el mundo dice que es pinta y figura mía. Está conmigo todos los fines de semana y durante la semana voy allá a verlo. Tiene una sonrisa que me ilumina la cara cuando lo veo. Me hace sentir tan pero tan bien. Lo quiero con locura.

Shane, 16 – Burke, 61/2 meses (Jumana, 15)

Sophie ya se sienta muy bien. No gatea, pero está tratando de caminar. Va donde quiere dando saltitos. Quiere estar de pie todo el tiempo. La ponemos en el piso y le damos sus juguetes. En quince minutos se cansa. Le gustan los vasos plásticos más que los juguetes. Ahora mismo le están saliendo los dientes, así que todo lo que encuentra se lo mete en la boca.

Jacob, 19 – Sophie, 7 meses (Lynette, 18)

A los dos meses de nacido, el mundo cambia rápidamente para el bebé. A los tres o cuatro meses, se sienta sin apoyo. Sentado, tiene una mejor vista de su mundo. A los bebés les encanta cualquier forma de estímulo– su versión propia del mismo. En vez de dormirse después de comer, quiere jugar. A lo mejor tú le haces cosquillitas con cuidado, le mueves las piernas despacito de arriba abajo, o le das distintos objetos para golpear y agarrar. Se va a deleitar con juegos sencillos como "tortitas de manteca" y "escondidillas".

Yo le hago cosquillitas, la paro sobre mis piernas y la hago caminar sobre mis piernas. La coloco boca arriba y delicadamente le levanto las piernitas.

Aaron, 17 – Ariana, 6 meses (Selena, 16)

Juguetes para el bebé

Los primeros juguetes tienen que ser de un tamaño grande para que los pueda agarrar fácilmente pero que sea un tamaño demasiado grande para que no se los meta en la boca. Los juguetes deben ser lavables, sin puntas ni bordes cortantes o agudos. Quítale cualquier pedazo que se pueda desprender fácilmente. Quita los botones que hacen de ojos en los peluches. A los cuatro meses, la curiosidad de la bebé aumenta rápidamente y por eso quiere tocar y manipular todo lo que esté a su alcance.

Mi mamá le compró un acuario a Braxton y él se sienta ahí al frente. Trata de tocar los peces y se ríe. Hace soniditos como Tarzan cuando se sienta a observar.

Mi mamá dice "aquí está papi, aquí está papi" y me

mira con una sonrisa cómica.
La gente me dice que estoy muy orgulloso de mi hijo.
Por supuesto que lo estoy. Es maravilloso.

Antonio, 16 – Braxton, 4 meses (Susanne, 15)

Un barato gimnasio para cuna es una buena inversión en este momento. Debe tener objetos sencillos que la bebé pueda golpear, tirar y manipular. Si tiene un móvil, el mejor es uno que pueda alcanzar, tocar y golpear. Tiene que ser fuerte. Ciertos padres toman clases donde aprenden a hacer juguetes como éstos y otros de manera económica. Si esta actividad te interesa, averigua en la escuela para adultos.

Las pelotas son el mejor juguete para tu bebé. Puede hacerlas rodar y lanzar. Cuando ya gatee, puede ir a alcanzar la pelota. Pronto va a disfrutar de una pelota de playa tanto como sus deliciosos momentos con las más pequeñas. Claro está que lo que más le gusta es que juegues con ella. Aunque mami juegue mucho con ella, tu bebé también te necesita a ti, su papi.

Las muñecas suaves que dan ganas de abrazar y los peluches pequeños son importantes para todos los niños. Hoy día

Las pelotas son los mejores juguetes para los bebés.

casi todos los padres y las madres parecen estar de acuerdo en
que los varoncitos necesitan muñecas tanto como las niñas.
Después de todo, si jugar con muñecas es práctica temprana
para ser madre/padre, tiene que ser tan importante para ambos
sexos. La mayoría de los hombres y la mayoría de las mujeres
van a procrear.

A la bebé le va a gustar estar contigo fuera de la casa. Si
todavía no gatea, colócala en una mantita cerca de ti mientras
tú trabajas en el patio. Cuando ya gatea, déjala jugar en el
césped. Un poquito de tierra no le va a hacer daño. Pero eso
sí, tienes que observarla atentamente.

Nosotros siempre estamos afuera con ella. Yo siempre
lucho con ella, pero suavecito. Le hago cosquillas, le
muevo las piernas, la hago bailar. Su mami le lee.
Adam, 17 – Brittaney, 10 meses (Claudia, 18)

Si tienes un asientito para bebé, no lo uses demasiado. Tu
bebé preferiría que la llevaras en tus brazos, o en un cargador
de espalda o pecho (canguro) en vez de un frío asiento
plástico.

Si estás trabajando en tu auto cuando hace buen tiempo,
a lo mejor le gustaría sentarse cerca, en su asientito, y ob-
servarte. Claro que tienes que colocar el asientito en el suelo.
No hay seguridad alguna si colocas un asientito en una mesa o
una banca.

Tan pronto como pueda sentarse por sí sola, no va a querer
sentarse en su asientito de bebé. En ese momento, probablemente tampoco va a tener seguridad allí. Podría voltearlo.

Al responder le das confianza

Todavía es importante responder a los llamados del bebé lo
más pronto posible. El tener conciencia de que puede confiar
en ti para que satisfagas sus necesidades no lo va a malcriar o
engreír. Los bebés descontentos y malhumorados son probablemente los "engreídos" que ya tienen conciencia de que no
pueden depender de papá ni de mamá para que vengan a ver

lo que necesita.

Tu bebé puede estar contento casi siempre. Hace gorgoritos y se ríe, imita lo que tú estás haciendo y, generalmente, la pasa muy bien todo el día. Pero quiere que tú o mami esté cerca.

Crystal hace gorgoritos y se ríe mucho. Refunfuña por la mañana como si estuviera enojada porque la han despertado. Por lo general está contenta. No llora casi nada. Gatea por todos lados. Trata de levantarse, doblarse y poner algo en la mesa.

Morgan, 17 – Crystal, 9 meses (Rebecca, 16)

Los temores del bebé

Ciertos bebés desarrollan fuertes temores. A veces es la aspiradora. Puede ser el cortacésped/cortagrama o cualquier otro estrépito. Puede ser que no quiera tener nada que ver con lugares nuevos o situaciones diferentes. Una visita a la tienda puede perturbarla.

Si la aspiradora le da miedo, puedes tratar de usarla cuando está dormida. Mejor aun es que la dejes mirar y explorar la aspiradora antes de echarla a andar. Entonces la puedes tener con un brazo (con cariño, sin regañar) mientras tú limpias unos minutos. Por supuesto que no te debes exceder, pero ella a lo mejor acepta el ruido en estas condiciones.

Siempre, sea cual sea la edad, trata los temores de tu niña como la cosa real que son. No importa en absoluto que "no hay nada que da miedo". Lo cierto es que ella tiene miedo. Tú tienes que ayudarla a enfrentar ese temor, no regañarla.

Ansiedad frente a los desconocidos

Como a los ocho meses, tu bebé amistoso posiblemente se niegue a mirar a personas desconocidas.

Amy en realidad no conoce a nadie de mi familia. Cuando mi tío viene a visitar, ella se queda mirándolo. A mi abuela, Amy la mira de una manera rara. Pero ahora ya empieza a reconocer a mi abuela.

Jermaine, 18 – Amy, 1 año (Angela, 17)

La niña ya ha madurado lo suficiente para saber exactamente en quien confiar. Por lo general confía en las personas
con quienes reside y la atienden la mayor parte del tiempo.
Ahora desconfía de los demás. A veces a esto se le llama
"ansiedad frente a los desconocidos".

Si tú no ves a tu niño con regularidad y con frecuencia,
posiblemente actúe como que no te conoce. Ten paciencia.
Dale tiempo. Deja que se te acerque cuando él quiera hacerlo.

Escucha y "habla"

*Stephanie dice "pa pa pa" pero no dice "ma ma ma"
y a mí me gusta que dijo "pa pa pa" antes.
Cuando nació, yo quería que Jacob fuera el primero
en tenerla en brazos, y así fue. Me parece que eso es
importante.*

                          Lynette, 18 – Sophie, 7 meses (Jacob, 19)

Tu niña necesita que le ayudes a desarrollar su lenguaje.
Tienes que hablarle y leerle mucho antes de que ella aprenda.
Los bebés pueden entender más de lo que te imaginas. Lo
que pasa es que no saben cómo hacerte entender su clase de
lenguaje.

Ahora es especialmente importante hablar sobre las cosas
que la criatura conoce. Cuando le cambias el pañal, háblale de
eso. Cuando la vistes, dile "ahora te estoy poniendo el zapato
en el pie. La mano pasa por la manga". Dile los nombres
de las partes del cuerpo cuando la bañas. Háblale sobre los
juguetes que le das.

*Trato a Katherine como a un ser humano. Le hablo
constantemente. Ella balbucea y yo le respondo mirán-
dola a los ojos. Yo le leo.
Me gustaría ir de pesca con ella.*

                          Paul, 19 – Katherine, 4 meses (Kyla, 15)

Si aún no has empezado a leerle a tu bebé, empieza ya
mismo. Elige cuentos sencillitos, preferiblemente con cosas

Le encanta la atención de papá.

conocidas por ella. A esta edad, a lo mejor te es difícil atraer su atención. Leer (más bien, mirar las figuras) a la hora de acostarse es lo ideal. Si tiene sueño va a tener más ganas de quedarse quieta para escuchar el cuento. Si se sienta o se mantiene acostada lo suficiente para el cuento, probablemente se irá a la cama sin mayores complicaciones.

La curiosidad lleva a gatear

¿Cuándo empezó a gatear? Eso fue tremendo. Lo primero que hizo fue agarrarse los dedos de los pies y sacar la lengua. Cuando empezó a gatear, gateaba sólo como un pie. Nosotros le poníamos zapatos al paso como un obstáculo y ella se pasaba por encima de ellos.

Después aprendió a empujar con fuerza y se desaparecía. Se metía debajo de las sillas y se escondía o si no, se escondía en un rincón.

Justin, 20 – Niele, 2; Alan, 3 meses (Janel, 19)

La curiosidad natural de tu bebé lo impulsa a gatear. Se
va a deleitar cuando se dé cuenta de que puede andar por su
cuenta. Para este momento ya debes tener tu casa a prueba de
bebé.

Quita o esconde las cosas que él puede dañar o que le
pueden hacer daño a él. Si el bebé no reside contigo, ¿te
visita en tu casa? Si es así, tienes que poner tu casa a prueba
de bebé para esas visitas.

*Nosotros pusimos todo a prueba de niños. Nos
aseguramos de quitar todo del piso porque los bebés
se meten todo en la boca. No dejamos nada que pueda
hacerle daño a Kevin. Además, así de chiquito, tienes
que poder observarlo todo el tiempo. Tenemos que
tenerle el ojo encima constantemente. Nunca lo
dejamos solo.*

*La supervisión constante no fue nada del otro
mundo. Ésos fueron unos de nuestros mejores ratos
porque yo trabajaba a medio tiempo y no podía quedarme en casa con él todo el día. Ahora no lo puedo hacer.*

Zach, 19 – Kevin, 20 meses (Erica, 16)

Tu bebé va a aprender más si puede gatear libremente por
tu apartamento o tu casa. Enjaularlo en un corralito o meterlo
en una silla alta por largos ratos significa que casi siempre va
a estar aburrido. Cuando los niños están aburridos no aprenden mucho. Igual sucede con tu bebé. Las prisiones no son
para bebés. Ciertos expertos consideran que un corralito es
una prisión a nivel de bebé.

*Sophie tiene curiosidad por todo. Nosotros no
usamos corralito porque a mí no me gustan. Soy de la
opinión que si meto a mi hija en un corralito, es como
encerrar a un cachorrito.*

Jacob

Arreglar tu casa para que explore libremente es tu tarea de
padre. La bebé va a apreciar tu esfuerzo. La mejor manera de

poner la casa a prueba de bebé es gatear por la casa en cuatro patas, como lo hace un bebé. Así puedes ver las cosas al nivel de ella y te puedes dar cuenta de lo que tienes que quitar o esconder hasta que esté más grandecita.

> *Yo le permito a Crystal que se meta en las cosas*
> *– se mete en la alacena pero yo la observo. Si se mete*
> *en algo, le doy otra cosa. Ella siempre quería el telé-*
> *fono, pero le compramos uno para ella. Eso normal-*
> *mente le satisface.*
>
> Morgan

Le salen los dientes a tu bebé

A la bebé "promedio" (el tuyo puede ser diferente) le sale su primer diente como a los seis o siete meses. Para algunos bebés, la dentición es una experiencia dolorosa. Otros casi ni lo notan. Si a ella le duele, a lo mejor quiere morder todo lo que ve. Congela los aros de dentición antes de dárselos – le van a gustar más si están fríos. Puedes comprar una loción especial para aliviarle el dolor de las encías. Aplícasela a las encías unos minutos antes de darle de comer. Eso le puede quitar un poco de dolor y así podrá comer más confortable-
mente.

> *En este momento está muy gruñona porque le están*
> *saliendo cuatro dientes al mismo tiempo. Ya tiene tres*
> *abajo. Cuando empieza a llorar le pongo gel en las*
> *encías. Eso le sirve.*
>
> Hugo, 16 – Breanna, 9 meses (Marcella, 18)

Si a tu bebé le da fiebre, no le eches la culpa a la dentición. Puede estar un poquito inquieta, puede tener una fiebrecita si le molestan los dientes. Pero si tiene una fiebre "de verdad" (de más de 101° F), está enferma. Una fiebre indica una infec-ción. Llama a tu proveedor de atención médica.

Cuidado con las caries o picaduras desde el principio. Ín-stala a que tome agua. Por cierto que es mejor que las bebidas azucaradas y, además, el agua le ayuda a enjuagar los residuos de leche y otros alimentos.

Evita las cosas dulces. Durante este período debes tener los caramelos y otros dulces alejados casi por completo de tu bebé. Si no los ve, no va a llorar porque quiere comida chatarra. Igual con las sodas o gaseosas y otros refrescos. No le des ni siquiera un poquito para que lo pruebe. Sus dientes te lo agradecerán.

El síndrome de biberón/mamila/mamadera

Aun un biberón con leche puede ser un problema para los dientes de un bebé. Es cierto que los dientes necesitan muchísimo calcio para desarrollarse debidamente y mantenerse sanos. La mejor fuente de calcio es la leche. En esta etapa, necesita unas 20 onzas de leche al día.

Cuando esté más credicito y pueda sostener su propia mamadera, a lo mejor quiera acostarse con su mamila. El problema es cuando se duerme con el mamón/la mamila/el chupador en la boca. La leche que le gotea en la boca durante la noche mantiene los dientes cubiertos con una película de leche. La leche, con lo nutritiva que es, tiene mucha azúcar natural para dañar los dientes si se queda allí hora tras hora.

Los dentistas ven a muchos párvulos con dientecitos frontales dañados y le han puesto un nombre a esta condión: síndrome de biberón/mamila/mamadera.

Si la bebé quiere su biberón cuando se acuesta, la solución es llenárselo de agua. Los jugos de frutas son aún peores que la leche porque tienen más azúcar. Si la bebé necesita chupar cuando se duerme, puede chupar agua o un consuelo/chupete/mamón.

La rutina a la hora de acostarse es importante

¿Tiene tu bebé una mantita o un peluche favorito? Ínstalo a que se acueste con un objeto especial. Ayúdale a encontrar la mantita o el osito que ha de formar parte del ritual de la hora de acostarse. Léele un cuento. Dale la última mamadera con leche mientras lo meces y le cantas o le tarareas. Le puede tomar hasta una media hora relajarse lo suficiente para dormir.

Si sigues la misma rutina con tu niño todas las noches, es muy posible que se acueste tranquilamente casi siempre. Las noches también serán más placenteras para ti si acostar al niño no se convierte en una lucha.

Jugar juntos

A ella le encantará jugar contigo. Como le gusta imitar, a lo mejor le va a gustar un juego de seguir al líder. Al principio mantén las cosas sencillas. Da palmadas, ponte un sombrero en la cabeza, mueve los brazos.

A esta edad casi todos los niños adoran jugar al aire libre. Si no tienes un patio con césped o grama, ¿hay algún parque cerca? Claro que al estar afuera cuando se tiene sólo un añito requiere muchísima supervisión por parte de papi, mami, o cualquier otra persona que atienda.

Jugar es la manera más importante que tiene tu bebé de aprender sobre su mundo; y recuerda que tú y mami son sus primeros maestros. Puedes encontrar muchísimas ideas más para jugar con tu niño en los capítulos 11 y 14 del libro *El primer año de tu bebé*

Una parte sumamente importante de la crianza es divertirte con tu niña. *¡Disfrútala!*

La leche, los granos integrales, las frutas, las hortalizas
y las proteínas lo mantienen saludable.

7

Buena alimentación para bebés y párvulos

- **Primero el cereal/la harina de arroz**
- **Hortalizas y frutas para el bebé**
- **Le gusta comer sin ayuda**
- **Darle comida corriente**
- **No el primer año**
- **Nada de comida chatarra**
- **Alimento de bebé – lee las etiquetas**
- **Puede comer contigo**
- **Los párvulos son melindrosos**
- **Tú eres su modelo**

Niele come todo lo que comemos nosotros – ensalada, pizza, helados. Le encantan las manzanas y los plátanos (bananos). Le dimos comida de tarrito unas cuantas veces pero cuando le salieron los dientes, empezó a comer casi todo lo que comíamos nosotros. Eso nos ahorró mucho dinero.

Justin, 20 – Niele, 2; Alan, 3 meses (Janel, 19)

Kianna come casi de todo – hamburguesas, bistec molido, todo lo que le pongamos en el plato. Comió comida de bebé unos dos meses. Apenas le presentamos la comida corriente, no quiso saber más de la

93

comida de bebé. Nosotros le picábamos la comida común
y corriente bien picadita en vez de comprar comida para
párvulos. Así podía comer junto con nosotros.

Daric, 16 – Kianna, 1 año (Kim, 18)

Tu bebé no necesita y, por lo general, no debe comer comida
sólida antes de los seis meses, más o menos. A casi todos los
bebés les va mejor con leche materna o fórmula durante ese
tiempo. Si le das a tu bebé comida sólida antes de tiempo, es
más probable que:

- desarrolle alergias a ciertos alimentos.
- tenga problemas digestivos.

No apresures a tu bebé para que coma alimentos sólidos.
Tómate el tiempo y dale sólo una cosa nueva por vez.

Primero el cereal/la harina de arroz

Es hora de empezar a darle comida con cuchara como a los
seis meses. Empieza con cereal de arroz. Prepara el que viene
seco, enriquecido, en un paquete. El arroz tiene menos probabilidad de causar alergia que otros cereales como el trigo.

Mezcla el cereal de arroz seco con un poquito de fórmula,
lo suficiente para que quede aguadito al principio. Dáselo con
una cucharita bien pequeña, que la bebé tiene la boquita
chiquitita.

A veces las madres (o padres) mezclan el cereal y la fórmula
y se lo dan al bebé en el biberón. ¡No lo hagas! Tu bebé tiene
que aprender a comer con cuchara.

Un comedero infantil que prácticamente le "inyecta" la
comida en la boca también es malo. No lo compres.

Vegetales y frutas para el bebé

Desde hace como dos meses come comida colada. Al
principio no le gustó mucho la cosa. No le gustaban los
vegetales y los escupía. Quitaba la cara para no comer.
Al principio nos costó un poco de trabajo, pero ahora le
gusta todo.

Jacob, 19 – Sophie, 7 meses, (Lynette, 18)

A lo mejor Jacob empezó a darle comida sólida a Sophie un poquito adelantado. Si a tu bebé no le gusta la comida sólida al principio, espera una o dos semanas y vuelve a intentarlo. Empieza con vegetales para bebé, frutas en su jugo por ahí entre los cinco y siete meses. El guineo/plátano majado a menudo es una de las primeras comidas que se le da a un bebé. A casi todos los bebés les gusta; y es facilísimo majarlo como papilla.

Al principio dale sólo un alimento nuevo por semana. Si tiene alergia a tal alimento, es decir, si le da alguna erupción cutánea o parece tener problemas digestivos, te das cuenta enseguida que eso es lo que causa el problema. Si le das de comer una cosa nueva todos los días, no tienes una buena idea de cuál es la que tienes que descartar.

Le gusta comer sin ayuda

Cuando le damos de comer, agarra la cuchara y trata de sostenerla. Le damos unos cuantos Cheerios para nosotros poder comer tranquilos. Si le damos una galleta para bebé, quiere la bolsa entera.

Jacob

Tu bebé probablemente puede:

• sostener y masticar una galleta de dentición como a los seis meses.

• manipular pedacitos de yema de huevo duro (pero no le den la clara todavía) para los seis meses.

• comer cereal sin azucarar, pan apenitas tostado, tostada francesa, pedacitos cocidos de zanahoria y papa, chícharos/guisantes/petipuás con la piel partida, hasta sándwiches de embutido de hígado, bien picaditos, para los siete meses.

Puede comer todas esas cosas con las manos, sin ayuda. Los Cheerios no azucarados son un maravilloso alimento con el que puede jugar. Agarra uno con cada mano, lo mira, se lo mete en la boca. Contienen unos cuantos nutrientes y muy poco azúcar. No le des cereales azucarados. Esos llamados "cereales" deberían llamarse caramelos para desayuno. ¡Más de la mitad de ciertos cereales es puro azúcar!

Darle comida corriente

Brittaney come mucho. Come comida de bebé y muchas frutas, fideos, frutas frescas. Su mami machaca la fruta, la cocina y la licúa. No le ponemos sal a la comida de ella. La sal no es saludable para los bebés.

Adam, 17 – Brittaney, 10 meses (Claudia, 18)

Si esperas hasta los seis meses para empezar a darle comida sólida a tu bebé, tienes que colarlo sólo un par de meses. Para los ocho meses, ya puede comer comida corriente, muchas veces majada. Por cierto que no vas a tener que comprar tarritos de comida para párvulos ("junior food"). Darle comida de la que come la famila es lo mejor para el bebé.

Ya come casi todo lo que comemos nosotros. Le gustan las frutas como manzanas y peras. Las cocinamos y las majamos. Le picamos el pollo bien picadito. Por supuesto que toma leche.

Tony, 16 – Felipe, 16 meses (Alicia, 17)

Desmenuza las cosas, hazlas pedacitos. Si le das pollo, quítale el hueso y el cartílago. Después, pica la carne que le vas a dar en pedacitos menuditos.

Ya detesta la comida para bebé. La come muy raramente. Empezamos a darle comida corriente a los diez meses – chícharos [guisantes], repollo [col], zanahorias, frutas. Empezamos a darle carne cuando le salió el primer diente. Come cuando comemos nosotros y entre comidas le damos merienditas para bebé.

Jermaine, 18 – Amy, 1 año (Angela, 17)

El pescado es excelente porque se desmorona. Por supuesto que tienes que tener muchísimo cuidado y sacarle todas las espinitas antes de dárselo.

> **Advertencia**
> El jugo de naranja o china no se recomienda
> para los bebés sino hasta después de cumplir un año.
> Ciertos bebés pueden ser alérgicos a ese jugo.

A muchos bebés les gusta el requesón ("cottage cheese"). Antes de dárselo, májalo con un tenedor.

El yogur con sabor natural es bueno para el bebé. No le des el que viene sumamente endulzado. Muchos niños prefieren el sabor agrio del yogur natural.

Los alimentos antes mencionados, junto con leche materna o fórmula, pueden ser suficientes para proporcionar las vitaminas y los minerales que necesita el bebé. Claro que los vegetales y las frutas son buenas fuentes de vitaminas A y C.

Tu médico posiblemente recomiende que le des a tu bebé vitaminas por gotas.

No el primer año

Las frutas y los vegetales crudos y crujientes no son buenos para el bebé sino hasta después del primer añito porque se puede atorar con ellos. De hecho, hasta los dos años le debes rallar o guayar las zanahorias si se las quieres dar crudas.

A los cinco o seis meses, dale un poquito de leche materna, fórmula o jugo en una taza. Puedes comprar una taza con tapa y canilla como puente entre la mamadera y la taza. Poco después podrá tomar un poquito de fórmula, agua y jugo de la taza (sin canilla).

Ahora es el momento de que el bebé empiece a adquirir un patrón para comer de manera saludable, el cual debe mantener toda su vida. Al darle de comer comidas variadas le das la oportunidad de adquirir el gusto por distintas comidas.

Nada de comida chatarra

Si tú no ves a tu niña con frecuencia, a lo mejor le quieres llevar caramelos, sodas u otra comida chatarra cuando vas de visita. ¡No lo hagas! A veces las personas intentan calmar a una criatura con una golosina cuando un abrazo puede surtir el mismo efecto. Lo cierto es que los abrazos siempre son mejores que la comida chatarra. El agua gelatinosa y otras bebidas endulzadas también pertenecen a la categoría de calorías vacías.

No le damos muchas galletas ni le damos nada de soda. Muy pocos dulces, porque mi mamá me dijo que mi prima comía mucho dulce y ahora tiene todos los dientes cariados. El doctor nos dijo que los dientes de los bebés son bien suaves.

Jason, 17 – Melanie, 13 meses (Heather, 17)

Los bebés y los párvulos necesitan tomar leche, agua y jugos sin endulzar – casi nada más. El café, el té y las bebidas de cola contienen cafeína, que es droga. Tu bebé no necesita drogas.

Le harás un verdadero favor si te abstienes de darle comida chatarra –sodas o gaseosas, caramelos, hojuelas fritas ("chips"), etc. – lo más que puedas. Tu tarea es ayudarle a aprender a comer los alimentos que necesita para crecer y ser un un adulto saludable y capaz.

Alimento de bebé – lee las etiquetas

Si decides comprar comida de bebé, lee las etiquetas con todo cuidado antes de comprar.

* Opta por cosas básicas como frutas, vegetales/hortalizas/legumbres y carnes coladas.
* No compres comidas combinadas porque tienen menos proteínas por ración que cuando tú mezclas la carne de un tarrito y los vegetales de otro.
* Si la etiqueta dice que tal alimento contiene mucho azúcar y almidones modificados, no lo compres.
* Omite los postres para bebé porque un bebé no tiene necesidad de postres como no la tiene nadie de nosotros.

Puede comer contigo

Si la comida para la familia va a tener algo frito, prepara lo que va a comer tu bebé al horno o frito sin grasa en una olla antiadhesiva. Saca lo que va a comer ella antes de agregarle sazonadores o una salsa condimentada. Cosas que se deben omitir por completo a esta edad incluyen palomitas de maíz ("popcorn") y nueces y todo lo que presente el riesgo de que se atore.

> *No es muy melindroso. Cuando comemos, a las 6 ó 7 p.m., él come con nosotros. Nos avisa cuando termina y lo bajamos de su silla.*
>
> *Come golosinas dulces más o menos una vez por semana. Yo comía mucho dulce cuando chiquillo, y tus dientes sufren y tu cuerpo empieza a sufrir. Yo engordé y me puse perezoso. No quiero que a él le pase lo mismo.*
>
> Jerrod, 19 – Wade, 18 meses (Valerie, 17)

Sírvele poquita comida. No te preocupes si no quiere comer mucho apenas pasado su primer cumpleaños. Ahora no necesita tanto como seis meses atrás, que entonces estaba creciendo más rápidamente que ahora. Esto es lo que necesita diariamente:

• veinte onzas de leche

• pan y cereal

• frutas y vegetales/legumbres/hortalizas

• alimentos proteínicos

Si no toma suficiente leche, échale leche a los pudines y las sopas. ¿Le gusta el queso? El queso puede reemplazar parte de la leche. El requesón y el yogur también son buenas sustituciones.

Le debes dar a tu párvula bastante tiempo para que coma. Presionarla para que se apresure no le gusta. Comerá muchas cosas con los dedos, pero para su segundo cumpleaños, ya podrá manejar muy bien una cuchara.

Va a haber suciedad alrededor de donde come. A lo mejor se unta la comida en el cabello y la cara. Tirará algo al suelo. Pero tú puedes colocar una bolsa de plástico de las de la basura, o una gruesa capa de periódicos, debajo de la silla para que caigan los desperdicios.

Los párvulos son melindrosos

*Deziree es melindrosa. Si no nos ve comer algo, ella
no lo come. Un par de noches come dos cosas de su
plato, luego se baja de su silla y juega. Generalmente
tratamos de darle algo de comer antes de acostarse,
como un plato de cereal.*

Parnell, 18 – Deziree, 18 meses (April, 20)

Casi todos los párvulos pasan por etapas en que se ponen
muy melindrosos con la comida. Puede ser que sólo quiera
comer muy poquitas cosas. Está bien que tenga dieta limitada
siempre y cuando sea balanceada. Ínstalo a que coma todos los
días algo de cada uno de los grupos básicos – frutas, vegetales/
legumbres/hortalizas, leche, granos integrales y proteínas
(carne, aves, pescados, frijoles secos y guisantes/chícharos,
queso).

No trates de obligarlo ni hacerle trampa para que coma.
Sírvele poquita comida, pero nutritiva. No le des golosinas
dulces en absoluto. Si necesita un refrigerio entre comidas, dale
algo que sea parte de su plan de comida diario.

Si no quiere almorzar ni un poquito, tranquilamente quítale
el plato de enfrente. No se va a morir de hambre antes de la
cena. No le des un tentempié de galletas una hora más tarde.

Si se come toda su comida y pide más, dale más de la
misma manera, sin una reacción emocional. Comerse toda su
comida no es lo que lo hace un "niño bueno".

Los niños a quienes se les dan alimentos nutritivos y muy
poca comida chatarra tienden a comer sólo cuando tienen
hambre. Si no tienen hambre, probablemente no deben comer
nada. Así que, ¡no lo regañes! Lo que debes hacer es darle los
alimentos buenos que necesita, luego a la hora de comer, conversar sobre lo que está sucediendo hoy.

Un párvulo necesita algo de estructura a la hora de comer.
Se le debe dar la comida más o menos a la misma hora todos
los días. También necesita un lugar cómodo donde comer que
sea apropiado para su tamañito.

Debe permanecer sentado hasta que termine de comer y

sólo entonces permitírsele que se ausente. Casi todos los párvulos comen mejor en compañía. Pero no tienen que sentarse a
esperar a que los demás terminen su comida.

Tú eres su modelo

Mark y Kelly Ellen comían mucha comida chatarra. Cuando
se dieron cuenta de que Dustin estaba imitando sus malos
hábitos alimentarios, decidieron cambiar. Mark explica:

> *Por tres o cuatro meses, Dustin tomaba bebidas de
> cola todo el tiempo. Se tomaba todas las sodas. Igual
> con los Twinkies y los bizcochos. Nosotros tomábamos
> muchas colas y comíamos papitas fritas en todas partes.*
>
> *Entonces nos dimos cuenta de que toda esa comida
> chatarra nos estaba costando mucho y que los dos
> estábamos engordando y nos pusimos, más o menos, a
> dieta. Ahora ni siquiera compramos sodas. Ahora esta-
> mos muy atentos a lo que comemos e igual con él. Desde
> el año pasado o algo así no le damos nada de comida
> chatarra. Aprendimos por experiencia. Si come carame-
> los, se pone hiperactivo y malhumorado.*
>
> *La comida chatarra es como muchas otras cosas. Si
> está a la vista y molesta, deshazte de eso. Cuando lo
> haces, explícale por qué no puede comer él esa comida.
> Si tuviéramos una caja llena de bizcochos y galletas, él
> se los comería. Por eso dejamos de traer chatarra a la
> casa.*
>
> Mark, 22 – Dustin 2½ (Kelly Ellen, 20)

Tu modelaje es lo más importante en el desarrollo de los
hábitos alimentarios de tu párvula. Si tú eres melindroso, o si
vives sólo de comida chatarra, puedes esperar lo mismo de tu
niña. Si tienes cuidado y comes diariamente alimentos de los
grupos de **MyPyramid**, tu niña probablemente también va a
comer mejor. Cuando esto sucede, la recompensa es grande en
términos de la salud y el desarrollo general de tu párvula. Lo
más probable es que su genio también sea mejor, porque se va
a sentir mejor si come los alimentos que necesita.

Mantenerlo seguro y saludable es una gran responsabilidad.

8

Salud y seguridad para tu niño

Deziree ha estado enferma más de la mitad del invierno – infecciones de oído y bronquitis. Tuvo que ir al hospital seis veces por infecciones bronquiales.

Una vez le dio pulmonía y le pusieron tubos en los oídos. Nosotros sabemos cuando le duelen los oídos porque juega con ellos.

Usualmente le da fiebre cuando no se siente bien. Cuando le sube mucho, la llevamos al médico.

Parnell, 18 – Deziree, 18 meses (April, 20)

Kolleen tenía tantos gases que lloraba mucho diez
minutos seguidos. Yo se la pasaba a Leanne y cuando
Leanne se frustraba, ella se la pasaba a mi mamá.
Abrazar a Kolleen bien apretadita servía. Envolver-la
en una mantita y pasearla por toda la casa, o darle un
consuelo, o salir a respirar aire fresco, servía.
    Todo el mundo dice que hay que dejarla llorar. Pero
nosotros no podemos hacerlo – si se acostumbra a eso,
a lo mejor llora más.

Santos, 17 – Kolleen, 17 meses; Jameka, 5 meses (Leanne, 16)

¿Cuándo se llama al médico?

- Cuando el bebé tiene temperatura de más de 101°F. Casi todos los médicos quieren que los llamen si la fiebre del bebé es tan alta, pero consúltalo con tu médico. ¿Cuándo quiere una llamada?
- Cuando al bebé le sale una erupción.
- Cuando el bebé vomita casi toda la comida. Muchos bebés escupen la comida de vez en cuando durante los dos primeros meses, y eso no es problema. Pero si el bebé vomita casi todo después de cada comida, llama inmediatamente a tu proveedor de atención médica.
- Cuando el bebé tiene diarrea durante12 horas.
- Cuando el bebé indica que tiene dolor de oído, por lo general, tirándose de la oreja o llorando, o ambas cosas.

Si sucede algo de esto, llama a tu proveedor de atención médica, pero no te dejes llevar por el pánico.

Karina tiene asma y casi se muere dos veces. Casi
siempre nos dábamos cuenta de que le estaba dando
[un ataque]. De cualquier modo, yo nunca me asustaba
tantísimo porque si te asustas tanto, te da pánico. Si eres
presa del pánico no puedes ayudar a tu criatura. Tienes
que mantener la calma y socorrerla. Myndee se paral-
izaba y si los dos teníamos pánico, no podíamos hacer

nada por la niña. Tratábamos de darle la
medicina a Karina, y mantenerla confortable, hasta que
la lleváramos al médico.

Luis, 20 – Benito, 8 meses; Karina, 3 años (Myndee, 21)

Antes de llamar al médico, anota la condición de tu bebé. Así podrás describirle al médico los síntomas con más precisión.

- ¿Tose? ¿Desde cuándo?
- ¿Ha perdido el apetito?
- ¿Tiene diarrea?
- ¿Cuánto tiene de temperatura?
- ¿Ha estado cerca de alguna enfermedad?
- ¿Ha recibido todas las inmunizaciones que debe tener para este momento?

Si el médico receta medicamentos para tu bebé, pregúntale si se le debe dar todo lo que hay en el frasco, o si no, por cuántos días.

Manejo de la fiebre

La fiebre es una de las primeras señas de enfermedad en un bebé y no la debes ignorar. Existen muchos aparatos para tomar la temperatura a los bebés. Pregúntale a tu proveedor cuál es el mejor. Cuando llames al médico, infórmale qué aparato has usado.

¿Qué puedes hacer en casa cuando tu bebé tiene fiebre? Puedes darle Tylenol de niños o cualquier otro calmante sin aspirina recomendado por tu médico.

Los baños refrescantes son una buena manera de bajarle la fiebre. Si a la bebé le da escalofrío cuando la bañas, el agua a lo mejor está muy fría. Se puede bañar con una toalla remojada en agua tibia. Luego se puede envolver a la criatura en la toalla mojada. Esto le ayuda a bajar la temperatura y probablemente tenga menos escalofrío.

El agua tibia es lo mejor. No uses alcohol. Es peligroso que el bebé inhale los vapores.

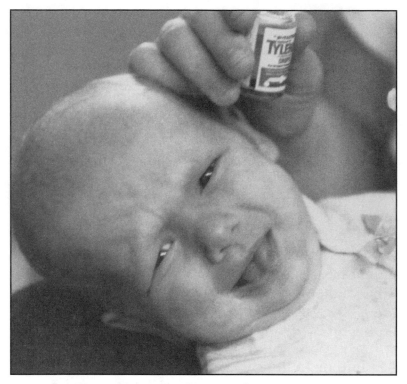

El médico puede recomendar Tylenol® si el bebé tiene fiebre.

También es importante darle líquidos a una criatura con fiebre. Si un dolor de garganta es lo que le causa la fiebre, a lo mejor no quiere chupar. Cuando esto sucede, dale una paleta. Eso le dará un poquito de líquido.

Ha tenido varias infecciones de oído. Siempre juega con las orejas. Apenas se empieza a tirar de las orejas, sabemos que algo anda mal. Cuando está enfermo, no se comporta normalmente. Está muy desanimado sea lo que sea que hagamos por él.

Jarrod, 19 – Wade, 18 meses (Valerie, 17)

Cuando tu niño tiene una infección de oído, llama al médico. Un calmante sin aspirina puede aliviarle un poco el dolor y la fiebre, pero no mata los gérmenes que le causan la infección en el oído. Para eso sólo sirve un medicamento con receta, así que tienes que llevar al bebé al médico. Si una infección de oído no se trata inmediatamente, existe una gran posibilidad de que haya pérdida permanente de audición.

> *Ha estado enfermita varias veces. La llevamos al doctor un par de veces porque tenía dolor de oído. Le dieron medicina y dijeron que era por la mamila. Dijeron que la habíamos acostado con su mamila y la leche se le fue a los oídos. No lo volveremos a hacer.*
>
> Adam, 17 – Brittaney, 10 meses (Claudia, 18)

Como ya se ha visto en el capítulo 5, muchas infecciones de oídos que les dan a los bebés se deben a los biberones/las mamaderas/las mamilas recostadas o apuntaladas.

La diarrea puede ser algo serio

Diarrea: *una secreción rala acuosa maloliente.*

Si el bebé tiene diarrea hasta doce horas, llama al médico. Un bebé con diarrea puede perder rápidamente una muy peligrosa cantidad de fluido.

Trátale la diarrea al bebé con líquidos claros y nada más durante 24 horas. Los líquidos que le puedes dar incluyen Pedialyte (líquido que se compra sin receta en la farmacia o la tienda), agua natural o agua mezclada con jugo de manzana (una cucharada de jugo de manzana en 8 onzas de agua). No le des comida sólida sino líquidos todas las veces que los pueda tomar.

Los resfriados son comunes

> *Se ha resfriado una vez. Si está enfermo, quiere estar en brazos. Nosotros lo hacemos, no importa lo que tengamos por delante, los platos por lavar o preparar la cena, es más importante tenerlo a él en brazos.*
>
> Jarrod

Ni tú ni tu médico puede "curar" el resfriado de tu bebé – para eso no se conoce cura. Pero sí puedes hacer que se sienta más confortable. Si tiene fiebre o dolor de cabeza, el Tylenol le puede servir.

A Ariana se le ha trancado la nariz dos veces y ella odia que le toquen la nariz. Cuando le goteaba, le pusimos agua de sal [solución salina normal] en la nariz y le dimos Tylenol®. En poco rato mejoró. Nosotros tratamos de no sacarla cuando está enferma.

Aaron, 17 – Ariana, 6 meses (Selena, 16)

Si la nariz le gotea o la tiene trancada, usa solución salina normal y una jeringuilla de caucho o hule para limpiarle la secreción de la nariz. La solución salina se consigue sin receta en las farmacias. Es probable que en el hospital te dieran una jeringuilla de caucho/hule para que hagas esto con el bebé.

Los anticongestivos también la pueden hacer sentir mejor. Si le duele la nariz, una crema o un ungüento pueden tener efecto calmante. Si tiene tos, el médico puede recomendar medicina para la tos. Si tiene la nariz trancada, un vaporizador de agua fría le ayudará a respirar más fácilmente. Los vaporizadores antiguos son peligrosos y no funcionan tan bien.

Si no quiere comer, no te preocupes. Cuando se sienta mejor tendrá hambre otra vez. Ínstala a que tome jugo, agua, sopas claras, hasta un poquito de té diluido.

La frecuencia con que tu niña se resfría depende de dos cosas: el número de personas resfriadas con quienes tiene contacto y su propia resistencia. Si, en términos generales, tiene buena salud, come comidas nutritivas en vez de comida chatarra, y descansa bastante, tiene menos probabilidades de enfermarse.

El humo puede causar infecciones

A Alexis le dio una infección de las vías respiratorias superiores. La llevamos al doctor y le dio medicina.
Yo soy fumador. No fumo cerca de Alexis pero el

*doctor dice que ella lo puede oler en mi carro o en
mi ropa. Por lo general fumo en el trabajo porque me
calma. Cuando regreso a casa me cambio la ropa.
Ya la ha tenido dos veces, la infección de las vías
respiratorias superiores. Muchos amigos míos son
fumadores y ella también anda cerca de ellos.*

Dennis, 17 – Alexis, 6 meses (Tara, 20)

Tu niño/niña se va a enfermar más a menudo si alguien
fuma a su alrededor. Las investigaciones indican claramente
los peligros del humo de segunda mano. Para ciertas personas es extremadamente difícil dejar de fumar o fumar menos.
Si alguien de tu familia fuma, ¿está dispuesto o dispuesta a
fumar afuera en vez de dentro de la casa? Tu niño/niña probablemente se sentirá mejor en una casa donde no hay humo.

*Ha estado enfermo con mucha tos y alergias.
Nosotros usamos un vaporizador, y si eso no da resultado, lo llevamos al médico.*

Hilario, 16 – Cesar, 9 meses (Guadalupe, 15)

Una nariz trancada también puede ser por alergia. Los
médicos por lo general recomiendan cambios en la dieta para
bebés con síntomas de alergia. Ciertas alergias son a causa de
plantas, animales o contaminantes. A menudo, los síntomas de
alergia en un bebé desaparecen a medida que crece.

La importancia de las inmunizaciones

Ciertas enfermedades ahora se pueden prevenir. Antes era
común que los niños murieran de difteria, tos ferina, polio
y otras enfermedades de la "infancia". Ahora no tienes que
preocuparte por esas enfermedades. Sólo tienes que asegurarte
de que a tu niño le pongan las inmunizaciones (inyecciones)
de DTaP (por las siglas en inglés) y otras que necesita. Las
siguientes son las que recomienda la American Academy of
Pediatrics.

• **Hepatitis B** – se pone en una serie de tres inyecciones.
Por lo general, la primera se le pone el primer día de

nacido, la segunda al mes o a los dos meses y la tercera, a los seis meses. El bebé tiene que ponerse las tres.

- **Diphteria, Tetanus, Pertusis (DTaP)** – también se pone en una serie de tres, a los dos, cuatro y seis meses con un refuerzo (Td) entre los 15 y 18 meses.
- **H. influenzae, type b (Hib)** – otra que se pone en serie de tres. Por lo general, se pone en la misma inyección con DTaP y entonces se le llama HDTap.
- **Rotavirus (Rv)** – una vacuna nueva que previene enfermedades relacionadas con la diarrea. Se pone a los dos, cuatro y seis meses.
- **Pneumococcal** – previene un tipo de pulmonía o neumonía común entre los bebecitos. Se pone a los dos, cuatro y seis meses.
- **Polio (IPV)** – líquido de color rojo que se da oralmente o en inyección a los dos y cuatro meses. Una tercera dosis se da entre los seis y los 18 meses.
- **Measles, mumps and rubella (MMR)** – se pone una vez, entre los 12 -15 meses.
- **Varicella (chickenpox)** – se pone una vez entre 12-15 meses.
- Una prueba cutánea para **tuberculosis** por lo general se hace entre 12-15 meses, a menudo a la vez que se hace la de MMR.

Aunque esto parezca mucho para un bebé, es importante recordar que todas estas enfermedades pueden causar la muerte o muy graves enfermedades a los niños. ¡No pongas en riesgo a tu bebé!

También es muy importante mantener un registro o récord de las inmunizaciones de tu bebé. Si la pierdes, reemplázala en el acto. Cuando tu niño empiece a asistir a la escuela, la escuela necesitará esta información. Puede resultar difícil obtenerla muchos años más tarde.

Las inmunizaciones son gratis en el departamento de salud. Éste puede ofrecerlas en ciertos parques públicos. Si no sabes adónde llevar a tu bebé para esas inyecciones, la enfermera de la escuela te puede dar una recomendación.

Posible reacción a las inyecciones

> *Cuando le pusieron las inyecciones, Sophie lloró histéricamente. No quería parar. La última vez que fue al médico decía con la cabeza y la boca "no, no". Sólo he ido con ellas una vez porque normalmente estoy en el trabajo. Además, no podría ver a mi bebé llorando. ¡Probablemente me darían ganas de pegarle al médico!*
>
> Jacob, 19 – Sophie, 7 meses (Lynette, 18)

Casi todos los bebés tienen cierta reacción a las inmunizaciones. Usualmente, la reacción es leve y sólo de un día o dos. Para aliviar los síntomas, le puedes dar a tu bebé un calmante sin aspirina, como Tylenol® (o cualquier otro que recomiende tu proveedor de atención médica).

Por supuesto que si tu bebé tiene una reacción severa a las inmunizaciones (fiebre alta por más de doce horas u otros síntomas severos), debes llamar al médico.

A lo mejor necesita que lo mezas un poquito más después de las inyecciones.

La casa a prueba de accidentes

Wade agarró un rizador de cabello la semana pasada. Ahora todas las mañanas cuando Valerie se arregla el cabello, tenemos que poner mucha atención y colocar todo en su lugar, donde él no pueda alcanzarlo.Yo fumo y por un tiempo [el niño] trataba de agarrar un cigarrillo encendido. Corre por ahí como loco, y se aba-lanza de boca a las rocas, pero el rizador fue lo peor.

Jarrod

Poner la casa a prueba de niños es absolutamente esencial si quieres que tu bebé, tu párvulo o tu preescolar viva allí. Si tu hijo no vive contigo pero está en tu casa en ciertas ocasiones, es aún sumamente importante que tu residencia sea un lugar seguro para él.

Los accidentes lesionan y matan a muchos niños pequeños todos los años. La verdad es que los accidentes son sin duda alguna la mayor causa de accidentes y muertes en el grupo de esta edad – anualmente cientos de niños resultan lisiados de por vida o muertos.

Se empieza en la cocina

En mi casa a veces dejo el mango de la sartén hacia afuera y voy a tener que cambiar eso. Voy a tener que poner las cosas en los enchufes y chequear la cocina. Si se vienen a vivir conmigo, tengo que ver que haya seguridad. Cuando yo vivía solo no importaba.

Darrance, 17 – Jaysay, 1 año (Victoria, 17)

La cocina es un laboratorio de aprendizaje maravilloso para los bebés y los párvulos. Es todo un importante reto prepararla para que sea segura para tu bebé. Los peligros de muchas cocinas incluyen:

- cuchillos   • punzón   • tenedor de cocinar
- artículos para la limpieza (No los guardes debajo del

fregador o fregadero.)
- rallador o guayador de vegetales/legumbres/hortalizas
- ollas calientes (Mantén los mangos hacia la parte de atrás de la estufa.)
- cafetera, tostador o tostadora (y cordones o alambres de electrodomésticos)
- plancha y tabla de planchar
- estufa de gas con controles que puede alcanzar un bebé

Cuando tu bebé tenga un pequeño accidente, como, por ejemplo, si toca la estufa y apenitas se quema un poquito los deditos, ayúdale a entender lo que ha sucedido. No digas cosas como que "la estufa mala" lo quemó, y no remedies las cosas con galletas.

Conduélete, por supuesto, pero tembién explícale que si toca la estufa cuando está caliente, se va a quemar.

Si alguna vez sientes olor de gas en la casa, llama a la compañía de gas en el acto. En casi todas las áreas, envían a un técnico a chequear sin costo alguno.

Otros peligros

El agua es una de las principales causas de muerte de niños menores de 3 años. Además, los bebés que ingieren demasiada agua con cloro de una piscina/alberca/pileta a veces sufren convulsiones más adelante. Si resides cerca de una pileta, asegúrate de que la puerta esté trancada a toda hora para que los párvulos no se puedan acercar al área.

Otro peligro para el niño es el andador. Si un bebé en andador se cae de las gradas o se va abajo en la alberca, los resultados pueden ser fatales – mucho más peligrosos que si se cae libremente. La verdad es que muchos estados de EE.UU. han pasado leyes que prohíben los andadores por estos riesgos.

Si hay un mantel o individual en la mesa, tu bebé le echará mano para levantarse. Cualquier cosa que esté sobre el mantel, ya sea café caliente o un plato vacío, seguramente se vendrá al suelo con resultados desastrosos para tu bebé.

Una bolsa de plástico delgado, como las de la tintorería o lavandería, pueden asfixiar a una bebé que se la ponga sobre la cara. Despedaza y bota esas bolsas inmediatamente.

Durante el tiempo en que tira de las cosas para levantarse, ten cuidado especial para que la puerta del baño permanezca cerrada. Es posible que una párvula se levante agarrándose al borde de la taza del inodoro, pierda el equilibrio, caiga y se ahogue.

Le pusimos cerraduras al gabinete donde guardamos todos los químicos. Mantenemos cerrada todo el tiempo la puerta del baño.

Ahora Deziree a veces la abre, pero por lo general la perilla hace mucho ruido y oímos cuando intenta meterse allí. También la chequeamos cuando está demasiado callada.

Parnell

Coloca todas las medicinas en un gabinete y mantén el gabinete bien trancado.

Si tienes chimenea u hogar, chimenea abierta, registro calentador o calentador de piso, ponle una pantalla o valla de protección, al frente y por encima. Bloquea todos los

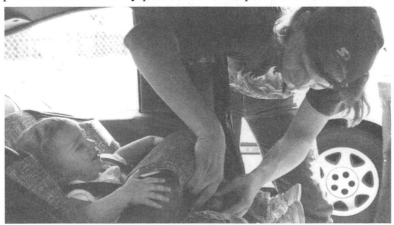

Abróchalo bien su segaridad depende de ti.

radiadores con muebles.

Si tu párvula ha aprendido a abrir las puertas, puedes ponerles sujetadores, como los broches de hembra y macho, bien alto para que no los alcance. Tienes que buscar la manera de mantener las puertas cerradas si éstas dan a escaleras, entrada para autos y ciertas áreas de almacenamiento.

> *Burke ahora es muy activo. Se mueve como si nadara, trata de gatear un poquito, luego para, te mira y trata de gatear otra vez. O si no, se frustra o baja la cabeza para descansar. Cuando empiece a gatear de verdad, tendré que poner una rejilla en la escalera, mantenerlo alejado de la estufa, etc.*
>
> Shane, 16 – Burke, 61/2 meses (Jumana, 15)

Si en tu casa hay escaleras, pon una rejilla arriba y una abajo para proteger a tu niño o niña que gatea o se desplaza de un lado a otro.

Las pantallas o rejas de las puertas y ventanas deben estar aseguradas muy bien. Si tienes barras en las ventanas, tienen que ser de las que se pueden abrir desde adentro.

Los automóviles pueden ser mortíferos para los párvulos. Si tu niño está dentro del auto, asegúrate de que está en su asientito especial con el cinturón abrochado. Si pesa 60 libras o más, puede usar el cinturón normal del auto. (El límite de peso varía de estado a estado.) A propósito, ten cuidado de abrocharte tu propio cinturón. Recuerda que tú eres su modelo.

Áreas afuera a prueba de accidentes

Los patios, con cerca o sin cercar, y los garajes o cocheras también tienen que ponerse a prueba de accidentes. Verifica si hay:

- basura
- sacapintura o quitapintura
- clavos, tornillos y otros artículos de ferretería
- piezas de autos, herramientas y equipo de jardinería
- insecticidas
- otros venenos

Bota la basura. Guarda las otras cosas bajo llave en el

garaje donde las manitos no puedan alcanzarlas.
También tienes que deshacerte de muebles oxidados o
tambaleantes. Chequea con frecuencia hamacas, columpios y
cualquier otro equipo de juego para que estén seguros.
Ciertas plantas, como el ricino y la adelfa, laurel rosa o
balandre, también son venenosas. ¿Hay en tu patio arbustos u
otras plantas peligrosas para los pequeños? Chequea también
las plantas dentro de la casa. Ciertos filodendros y dieffenba-
chia también son tóxicos. Igualmente, los bulbos de narcisos y
otras plantas bulbosas.

El envenenamiento es un gran peligro

Los niños tienen más peligro de envenenarse entre los diez
y once meses. Para esta edad, son muy andarines, exploran
todo lo que tienen a su alcance, se meten en la boca todo lo
que pueden. No tienen la capacidad para entender lo que es
peligroso y lo que no lo es.

Los cigarrillos son venenosos. Si los miembros de tu familia fuman, que pongan los ceniceros lejos de tu párvulo.

Ten a mano el número de teléfono del centro de control
de veneno. Ponlo junto a tu teléfono, con el número de tu
proveedor de atención médica y otros números para urgencias
o emergencias. Si crees que tu bebé se ha envenenado, lleva
cualquier evidencia de lo que ha ingerido – un poco de la sustancia o su envase. Compra jarabe de ipecacuana en la farmacia y úsalo si tu proveedor de salud o el centro de control de
venenos lo recomienda. Eso va a hacer que el niño vomite.
Para algunos venenos, esto es apropiado.

Para otros, como limpiadores de inodoro y cañerías, es
exactamente lo que no se debe hacer. Vomitar Drano® hará
el doble de daño porque la lejía quema cuando se ingiere y
cuando se bota.

¿Es pintura sin plomo?

¿Hay en tu casa muebles, paredes o enmaderado con
pintura de antes de 1970? Si la pintura contiene plomo, puede

hacerle daño a tu niño si mastica la superficie pintada. Si la pintura se está pelando o descascarillando, se puede meter los pedacitos en la boca. Entonces el resultado puede ser envenenamiento con plomo, un problema muy serio para niños.

Aviantay tuvo que ir al doctor porque comió pintura y se envenenó con plomo. Su mamá se tuvo que mudar a otra casa porque la pintura se estaba pelando de las paredes. Monique se dio cuenta a tiempo, pero le dio miedo de verdad. Me llamó y me dijo que Aviantay estaba en el hospital ese día. Ahora ya está bien.

Lorenzo, 17 – Aviantay, 2 años (Monique, 18)

Si los niños tienen mucho plomo adentro, muestran señas de envenenamiento. "Demasiado" para un bebé puede ser un poquitito. Al niño le puede dar anemia y perder el apetito. Puede estar desganado o hiperactivo e irritable. Puede serle más difícil aprender y puede sufrir de convulsiones y daño cerebral permanente a causa del veneno.

Si sospechas que tu niño se ha envenenado con plomo, consulta con tu médico. Una sencilla prueba de sangre puede indicar la presencia de tal condición. Si ha habido envenenamiento, el médico puede recomendar tratamiento para deshacer mucho de la capa extra de plomo en el cuerpo del niño para que no tenga los problemas antes descritos.

Salud y seguridad – un reto importante

Mantener a tu niña sana y saludable durante sus años de párvula es una parte muy importante de tu carrera como padre. Les toca a ti y a la mamá crear un ambiente seguro para ella. Les toca a ambos atenderla cuando se enferma.

También les toca a los dos guiarla hacia los buenos alimentos que debe comer y a obtener el descanso que necesita para una salud óptima. Como ya lo sabes, la crianza proporciona muchos retos.

Tu recompensa por satisfacer esos retos es el bienestar y el amor de tu niño o niña.

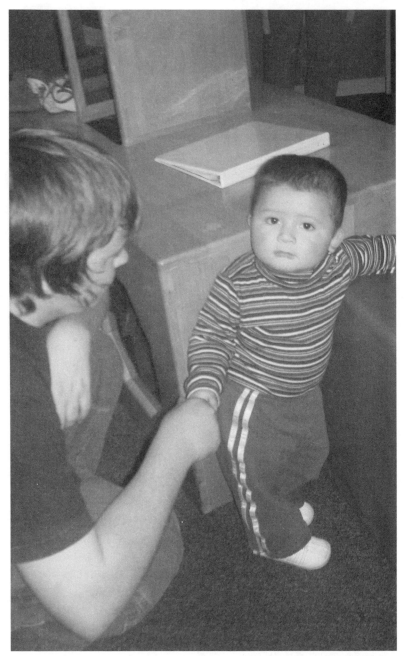

Está aprendiendo muchísimas cosas nuevas – y pronto va a correr.

9

Tiene un año — pronto va a correr

- Se desarrolla rápidamente
- Copia a papi y a mami
- Lucha por su independencia
- Cómo enfrentar las pataletas o rabietas
- Cuando pide ayuda
- No apresures el uso del inodoro
- Ayudarle a hablar
- Leer — leer — leer
- El ritual de la hora de acostarse
- La rutina de cada cinco minutos
- Sugerencias para desmamar
- ¡Te mantiene ocupado!

Lily es bien despierta – imita todo lo que hacemos nosotros. Si le leemos, agarra el libro y empieza a balbucear. Si le damos comida, quiere agarrar la cuchara aunque todavía no puede comer sin ayuda.

Marco, 18 – Lily, 1 año
(Serene, 18)

Ahora que ya cumplió un año, Amy tira todo de la mesa – mucho estrés. Pero sea lo que sea que haga, así son los bebés. Se meten en un montón de cosas.

Cuando empezó a gatear, pusimos cerraduras a prueba de niños en las puertas de las alacenas y rejillas por todas

las escaleras y puertas. Pusimos los juguetes en el
suelo para que los pueda alcanzar.

Pusimos esas chapitas plásticas en los tomaco-
rrientes y tratamos de mantener los cordones en alto.
También la observamos siempre. Ella trata de meterse
en todo.

Jermaine, 16 – Valizette, 16 meses (Shawnté, 17)

Se desarrolla rápidamente

Durante el primer año, tu niño se desarrolla de recién nacido indefenso a un torbellino de personita que se lanza a todas
partes y pronto va a caminar. Puede trepar y puede meterse en
toda clase de problemas si nadie lo observa.

Mi mamá tiene un montón de adornitos de vidrio,
como muñequitas de porcelana y flores, por todas par-
tes, y Roman se mete con todo eso.
La puerta del baño siempre está cerrada porque él
juega con el agua del inodoro.
El otro día lo encontré trepado en el escritorio de mi
computadora. Estaba tumbando todo. Parecía gracioso,
pero ¿cómo se trepó?
Nosotros ponemos las cosas en lugar cada vez más
alto pero Roman trepa y trepa más arriba. Se para en
su trencito y se sube a las cosas. Todavía no camina,
pero sí se sube en todas partes.

Jimmy, 17 – Roman, 1 (Rosalva, 19)

A los niños de un año les encantan los juguetes – tablas
de formas, bloques, pelotas y juguetes de apilar. A él le gustan especialmente estos juguetes si alguien está por ahí cerca
para observarlo o para jugar con él. Ya disfruta de creyones o
pinturas si le permiten usar esas cosas.

A Deziree le encanta garabatear. Le gustan las
pinturas de dedos y los lápices de colores. Yo no me
imaginé que iba a aprender tan rápido. Le dan un

*juguete para aprender y en una semana ya sabe cómo
funciona el asunto.*

Parnell, 18 – Deziree, 18 meses (April, 20)

Ya empieza a hablar con palabras y gestos. Puede seguir
instrucciones sencillas. Pero no podrá entender lo correcto y
lo incorrecto sino hasta casi los dos años. Hasta entonces no
podrá entender lo que debe y lo que no debe hacer.

Copia a papi y a mami

A tu párvula le encanta copiarte. Si trabajas en el auto,
quiere ayudarte. ¿Tiene ella un carrito de juguete con el que
pueda trabajar junto a ti?

*Cuando trabajo en mi camión se mete debajo del
camión y se llena de grasa y suciedad. Trata de arreglar
todo. Si trabajo en algo en el tréiler, agarra un destoro
de la casa, él sale también. Lo que hace, pues, es que me
sigue.*

Jarrod, 19 – Wade, 18 meses (Valerie, 17)

Cuando trabajas en la casa, hay muchísimas oportunidades
para que tu niña te imite. Si no te importa el piso mojado, y si
usas platos plásticos, ella puede lavar los platos contigo. Cocinar con papi o mami es emocionante para tu párvula. ¿Puede
ayudar a mezclar la masa para las galletas y dejarla caer por
cucharadas en la bandeja o charola de hornear?

Si tú copias sus movimientos y juegos, se va a poner muy
contenta. Que vea que te gusta lo que ella hace es la mejor
manera de que tenga una muy buena autoestima. Esto es una
parte importante del aprendizaje.

Lucha por su independencia

*Amber quiere lo que quiere cuando lo quiere. Yo me
empeño en tratar de cambiarle la actitud, de que se con-
centre en otra cosa. Si se trata de algo sencillo que no le
va a hacer daño, a veces le doy lo que quiere.*

*No quiere ayuda de nadie, ni para comer. Siempre ha
sido independiente.*

Zaid, 19 – Amber, 15 meses (Tiffany, 20)

Tu párvulo quiere sentirse en control de lo que come, de la
ropa que viste, cuándo/si usa el inodoro y de cómo jugar. Dale
muchas oportunidades de tomar algunas de esas decisiones. Si
lo haces, a lo mejor le resulta más fácil hacer caso a lo que tú
deseas cuando no le puedes permitir lo que él quiere.

El acomodo y el respeto son ingredientes mágicos para la
convivencia con un párvulo. La sensibilidad hacia la necesidad de tu niño para controlar ciertos aspectos de su vida te
servirá para entender su comportamiento. Cuando tu párvulo
era bebé, tú y su mamá tenían la tarea de decidir lo mejor para
él. A medida que crece, va a insistir cada vez más en tomar
sus propias decisiones. Su individualidad e independencia te
sorprenderán.

*Elena es muy independiente. A veces me asusta. A
esta edad, me pregunto cómo será de adolescente.*

*Cuando empezó a portarse así, me llamó la atención.
Yo me sentaba allí y pensaba "ay, Dios mío". Me iba
al cuarto de ella y literalmente ella me agarraba de la
mano y me sacaba del cuarto y luego cerraba la puerta.*

*Si no, se enojaba con nosotros y se encerraba porque
quería estar sola. Me imagino que está bien. El cuarto
de ella es un lugar seguro, y yo entiendo lo que es querer estar solo. A veces yo mismo me siento así.*

Carlos, 19 – Elena, 23 meses (Monica, 18)

Cómo enfrentar las pataletas o rabietas

Los párvulos tienden a frustrarse porque no pueden
expresarse muy bien verbalmente. Por eso puede haber
pataletas o rabietas. La niña se quiere vestir sin ayuda, pero
no lo logra. Intenta meter un bloque cuadrado en un hoyo
redondo y no funciona. Y probablemente no quiere que tú
le ayudes. Entonces se frustra y no puede expresarlo. No

tiene un vocabulario extenso y entonces grita. Esa gritería puede volverse una pataleta o rabieta descontrolada.

Cuando Merlalcia tiene una pataleta, la pongo en la alfombra del piso donde no se puede hacer daño. La dejo ahí hasta que se calma y entonces le digo: "no es bueno hacer eso". Entonces me abraza y me dice: "te quiero".

Yo trato de manejar mi tiempo para hablarle, leerle y jugar con ella. Cuando se calma de una de las paletas, jugamos.

Khusba, 22 – Merlalcia, 1 1/2 años (Aurora, 17)

La pataleta es una expresión de su furia y frustración porque no puede entendérselas. Sus sentimientos son sinceros y fuertes. Está furiosa y absolutamente infeliz. Ha perdido el control de su comportamiento y puede ser muy difícil manejarlo.

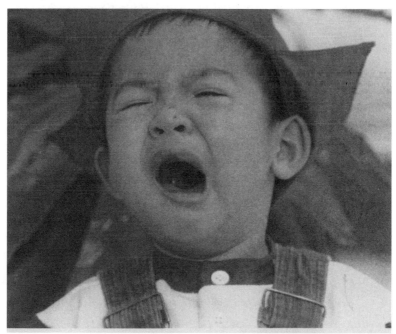

El no disfruta de esta pataleta más que tú.

Perder el control de esta manera la puede asustar. Quiere hacer las cosas a su manera. Pero al mismo tiempo, necesita guía constante. ¿Qué hacer?

En primer lugar, ¿qué no debes hacer tú? No darle nalgadas ni castigarla de ninguna manera porque ya se siente tremendamente mal. Si tiene una "verdadera" pataleta o rabieta, ya ha perdido el control de sus propias acciones. Si "sólo" grita, pegarle no va a servir de nada, ni siquiera va a parar la gritería.

Pero tampoco te des por vencido. ¿Grita porque tú le dijiste que podía comerse una galleta antes de la cena? No pares los gritos dándole una galleta. Si lo haces, ¿qué va a pasar la próxima vez? Grita cuando quiere otra galleta. Aprende que ésa es la manera de obtener esa galleta.

Shaquille tiene su genio. Cuando grita, yo lo tengo en brazos hasta que se calma. Hay quienes no entienden que pegar no resuelve nada. Cuando les pegas no aprenden nada. Cuando les hablas, les explicas, ellos te escuchan y, probablemente, no lo volverán a hacer.
Lester, 17 – Shaquille, 16 meses (Traci, 16)

Puede ser que lo mejor es no hacerle caso a una pataleta o rabieta. Puedes tomarla en brazos con toda calma y llevarla a su cuarto, pero si ha perdido el control, tal vez no la quieras dejar sola.

Aun mejor puede ser mantenerla en brazos con cariño. La seguridad que siente estando en tus brazos puede tener un efecto calmante. Ella no disfruta de la pataleta más que tú. Después de todo, ella es una pequeñita muy nerviosa y necesita saber que tú la quieres de todos modos, aunque no te dejes vencer por lo que ella quiere.

Genevieve tiene rabietas por las llaves del carro. Agarra mis llaves, le digo que me tengo que ir y se las quito. Ella se tira al piso pegando gritos. Creo que le voy a comprar un juego de llaves de juguete que parecen idénticas a mi llavero de Bart Simpson.

Miguel, 20 – Genevieve, 18 meses (Maurine, 16)

Miguel muestra su lucidez al darse cuenta de cómo eliminar la causa de las pataletas o rabietas de Genevieve. Consulta *La disciplina hasta los tres años* (Lindsay y McCullough) para una presentación más amplia sobre este tema.

Cuando pide ayuda

Responder cada vez que tu niño pide ayuda es la mejor manera de evitar muchas pataletas o rabietas:

* Cuando tu niño te requiere, anda a ver qué necesita.

* De ser posible, dale la ayuda requerida.

* Al nivel que tu niño puede entender, habla brevemente del evento.

* Después de ayudarlo o reconfortarlo, el siguiente paso es dejarlo solo.

Tu niño aprende mucho de un momento como éste:

* Aprende a usar a otra persona (tú) como recurso cuando no puede manejar la situación pos sí mismo.

* Aprende que alguien piensa que el malestar, el entusiasmo o el problema de él es importante, lo que significa que él es importante.

* El desarrollo de su lenguaje también se refuerza cada vez que esto sucede.

No apresures el uso del inodoro

Aprender a usar el inodoro no es apropiado para la mayoría de los menores de dos años. Sencillamente, no están en capacidad de hacerlo. Tratar de enseñarle a usar el inodoro demasiado temprano sólo sirve para frustrar a los padres y al niño.

Consulta el siguiente capítulo para sugerencias sobre cómo enseñarle a usar el inodoro cuando está listo para ello.

Ayudarle a hablar

Chanté ya habla un poquito – "quítate", "mama",
"papa", ¿también ju para mí?" Nosotros le leemos.

Tiger, 19 – Chanté, 18 meses (Crystal, 18)

¿Cómo puedes ayudarle a tu niño a hablar? Ya lo haces, si le platicas mucho. Y le puedes ayudar aun más si le lees.

¿No quieres que diga ciertas palabras? Entonces trata de que nadie diga esas palabras donde él las pueda oír. Él aprende las palabras que oye, inclusive las palabras "malas" o "sucias". Para él, todas las palabras son interesantes y si lo regañas por decir algunas de ellas, no tiene la menor idea de por qué. Si dice palabras que a ti no te gusta que diga, usualmente lo mejor es ignorarlas.

Hay dos maneras más de ayudarle:

• No corrijas su habla y no le hables como bebé. Él necesita escuchar las palabras pronunciadas correctamente. Va a aprender más rápidamente si no lo criticas porque no pronuncia bien una palabra.

• Dale la oportunidad de hablar. Si señala la refrigeradora, no le sirvas un vaso de jugo en el acto. Trata de hacerlo decir la palabra. Pero claro que sin frustrarlo. No esperes más de unos cuantos segundos. Recuerda que los niños empiezan a hablar a distinta edad.

Si tú eres bilingüe, ayúdale a tu niño a aprender los dos idiomas. Tal vez convendría que una persona siempre le hable en un idioma y la otra persona le hable en el otro.

Esto le puede servir para que mantenga separadas las dos lenguas. Para el momento que empieza en el kindergarten o jardín de la infancia, ya debe estar en capacidad de hablar bien los dos idiomas.

Leer – leer – leer

Yo siempre le he leído, desde pequeñito. Al mes él
miraba las páginas. Le fascinaban. Ahora le encantan

sus libros. Y dice: "libro, libro.
Y dice: "yo leer" y balbucea algo.
Zach, 19 – Kevin, 20 meses (Erica, 16)

Si le has estado leyendo a tu niña, probablemente habla más de lo que hablaría si no lo hubieras hecho.

Elige libros con figuras sencillas y coloridas para tu párvula. Al principio le van a interesar más las figuras de cosas conocidas, como gatos y perros.

A medida que crece, por supuesto, no vas a limitarle los libros a cuentos de lo conocido. El ritmo de los versos de la Madre Oca, nanas, canciones de cuna le va a gustar. Los cuentos de hadas y cuentos de animales, gente y lugares que nunca ha visto son parte importante de su educación.

Dale muchos libros de toda clase porque los libros pueden ampliarle el interés en todo. Pero los libros sobre tomas conocidos seguramente le interesarán más.

El ritual de la hora de acostarse

La hora de acostarse es la peor para Amber. Se pone
de muy mal humor cuando está cansada. No quiere nada
y sabe que nosotros queremos que se duerma. Ella hace
cualquier cosa para evitarlo. Si tratamos de mecerla
para que se duerma, se frota los ojos o tira de la oreja
para mantenerse despierta.

Nunca quiere dormir porque no quiere perderse de
nada que pueda ser emocionante. Por fin se duerme
como a las 10 p.m. pero se despierta un par de veces
todas las noches.

Zaid

Los párvulos son extremadamente activos y se cansan mucho. Muchos resisten las siestas. Esperar hasta que esté rendido antes de acostarlo no es recomendable. Estará menos gruñón si come y descansa a horas regulares.

Si no quiere sestear en la tarde, que se lleve a la cama unos libros y un juguete que no hace ruido. Dile que está bien que

Necesita descanso porque es muy activa.

no duerma si no quiere pero que tú quieres que juegue tranquilito por una hora. Ciertos días se va a dormir y ciertos días no. Sea como sea, su hora de tranquilidad lo va a renovar el resto del día--¡y a ti también!

Un bebé que se acostaba de buena gana el primer año de repente, de párvulo, insiste en no acostarse. Para este momento, él disfruta de estar con papá y mamá y no quiere estar sin ellos. Cuando se llega a la etapa del "no", la hora de acostarse puede convertirse en un problema.

Es importante que tu niño tenga una hora fija para acostarse. No puedes mantenerlo levantado hasta las 10 de la noche hoy y esperar que mañana se acueste y se duerma a las 8 de la noche.

Establecer una rutina para la hora de acostarse desde los seis a ocho meses, por lo general, ayuda a que el niño se serene sin mucha agitación. A esta edad, probablemente es algo tan sencillo como sostenerle el biberón, leerle un cuento y acostarlo en su cuna.

Unos meses más adelante, un ritual más complicado puede

evitar problemas a la hora de acostarse. Buenas maneras de preparar al párvulo para dormir son un juego tranquilo, un pequeño refrigerio, un baño relajante y algo de lectura. Lo importante del ritual es la regularidad. Si tú o su mami no puede estar con él algunas noches, su cuidadora debe manejar el ritual como de costumbre.

Si tu niño tiene hambre a la hora de acostarse, dale un refrigerio ligero o un biberón con anterioridad. Después, cepíllale los dientes. Si aún necesita algo para chupar cuando le entra el sueño, dale un biberón con agua o un consuelo. Cualquiera de los dos le va a satisfacer el deseo de chupar.

La rutina de cada cinco minutos

Si aún no has establecido una rutina para la hora de acostarse, hazlo. Si tu niña aún se molesta cuando la acuestas, piensa por qué lo hace. ¿Es sencillamente que no le gusta la oscuridad? Una lucecita nocturna puede servir.

Probablemente no quiere estar sola. A lo mejor se siente abandonada si la acuestas en su cama, le dices que se duerma y luego cierras la puerta.

Si llora y la sacas de la cama, ¿te imaginas? Mañana por la noche volverá a llorar hasta que la saques de la cama otra vez.

Si decides dejarla llorar, puede ser que se duerma en unos cuantos minutos. Pero ciertos párvulos lloran una hora o dos si los dejan solos. Finalmente se van a dormir de agotamiento, pero probablemente no van a dormir bien tras semejante faena.

Combinar los dos métodos (dejarla sola y prestarle atención) podría dar resultado. Si se agita a la hora de acostarse, explícale (una vez más) que es hora de que se acueste. Dile que tú vas a estar en el cuarto del lado. Dale unas palmaditas en la espalda por un minuto, dile "hasta mañana" y sal del cuarto.

Si llora, regresa a los cinco minutos, explícale delicadamente que es hora de que se duerma, dale unas palmaditas en la espalda, dile "hasta mañana" otra vez y sal del cuarto.

Repite el proceso cada cinco minutos hasta que finalmente se duerma.

A lo mejor llora una hora más la primera noche, pero ella sabe que no la has abandonado. Sabe que todavía la quieres. También sabe que se tiene que quedar acostada.

Para la párvula que se ha acostumbrado a levantarse o a no acostarse hasta tarde en la noche, puede tomar una semana o algo así para que se adapte a una hora determinada para acostarse. Cuando lo logra, probablemente va estar de mejor humor porque ahora duerme las horas que necesita.

Al año, tu niña no necesita leche a media noche. Si le das una mamila o mamadera a la hora de acostarse, no necesita más de comer. Si se duerme con el biberón en la boca, el riesgo de caries dentales es grande.

Si se despierta, en vez de darle la mamadera, dale un vasito de agua. Dile "hasta mañana" y sal del cuarto. Si continúa llorando, sigue la rutina de cada cinco minutos durante una semana. Vas a estar agotado, pero si ella empieza a dormir toda la noche, tú también te vas a sentir mejor la semana siguiente.

Sugerencias para desmamar

Probablemente has instado a tu niña a tomar leche, jugo y agua de una taza por varios meses. Si tiene mucho tiempo para aprender a beber de una taza, desmamar de la mamila o del pecho probablemente no va a ser problema.

Beber de una taza es muy diferente de chupar líquido de una mamadera. A lo mejor da resultado que beba con una boquilla al principio. Pasar de eso a una taza más adelante no va a ser difícil.

Para ciertos niños, dejar el biberón es difícil. Según algunos, es más fácil para la criatura (y para papá y mamá) si pasa de la mamila a la taza poco después de cumplir un añito. Es posible que no quiera cambiar tan fácilmente si ha mamado de la mamadera dos años o más. Por otro lado, parece que ciertos niños necesitan chupar más que otros.

Dos cosas tienen que suceder cuando decides que es hora de desmamarla del biberón:

- Tiene que beber suficiente leche – o suficiente calcio de otras fuentes tales como yogur o requesón.

- Tú y mami tienen que estar seguros de que la criatura les indica que ya no ncesita la experiencia de chupar.

Con el estímulo tuyo y el de su mamá, tu bebé prácticamente puede desmamarse sola del pecho o del biberón.

¡Te mantiene ocupado!

Chanté se mete en todo. Abre gavetas, las puertas de afuera, tira las cosas de las gavetas. Le decimos "no" pero no hace el menor caso.

Tiger

Durante el segundo año, tu niña te mantendrá muy ocupado (y también a su mamá), más de lo que se imaginaron. Probablemente vas a disfrutar más de ella si:

- dispones su entorno de manera que pueda ella tener la mayor libertad posible.

- le das toda la atención que anhela

- sientas los límites necesarios e insistes en que no los sobrepase.

La buena crianza es realmente un arte. Tu niña te dará muchas oportunidades para practicar este arte durante su segundo año. *¡A disfrutar!*

Le encanta que papi le lea.

10

Tu asombroso niño de dos años

- Planea horas para pintar
- ¿Cuánta televisión?
- Jugar al aire libre
- ¿Cuánto juego rudo?
- "¿De dónde vienen los bebés?"
- Horas para padre e hijo
- ¿Y el uso del inodoro?
- El castigo no sirve para nada
- Si no residen bajo el mismo techo
- El asombroso mundo de tu párvulo

Ahora que Chamique está más grandecita, casi dos años, habla en oraciones completas y pronuncia con claridad. Hasta dice "por favor" y "gracias".

Tim, 20 – Chamique, 21 meses
(Jocelyn, 19)

Cuando regreso del trabajo, cansado y oigo una vocecita que dice "papi", a veces se me salen las lágrimas. Me trae toda una nueva dimensión a la vida, sentimientos y experiencias que nunca vas a tener sino hasta que eres padre.

Es diferente y es realmente lindo.

Zach, 19 – Kevin, 20 meses
(Erica, 16)

"No" fue una de las primeras palabras que dijo. Es muy locuaz. Se pone los pantalones y los calcetines sin ayuda. Sabe abrir las puertas, encender la TV, cambiar el canal.

Cuando hace las cosas, la aplaudimos. Siempre alerta, quiere hacer cosas nuevas. Cantamos canciones como "Los tres monitos".

Tiene un jeep de juguete y la saco de la casa para que lo monte. La paseo por toda la casa, a cuestas, jugando al caballito.

Lucas, 21 – Kamie, 21 meses (Kelsey, 19)

Para los dos años, tu párvulo corre, salta y monta juguetes con ruedas. Ayuda a vestirse y desvestirse, y come él mismo con un poquito de ayuda. Le gusta colorear y pintar. Seguirá imitando tus actividades y las de otras personas. Imitará las actividades que te gustan y las que no te gustan. Cosas sencillas para jugar le llaman más la atención a un párvulo que juguetes más trabajados.

Si compras un nuevo televisor o, mejor aún, un electrodoméstico como una estufa, guarda la caja para tu párvulo. Ayúdale a hacer una casita con esta caja. También puedes cubrir una mesa de barajas y decirle que puede jugar en su cueva.

Planea horas para pintar

Dale muchas oportunidades a tu párvula para que coloree, pinte, pique papel (con tijeras romas) y participe en otras actividades creativas. Por supuesto que tienes que seguir con la supervisión.

Haz lo que hacen las maestras de preescolar: organiza un poquito el juego de tu niña. Planea una hora para que pinte con las manos o con pincel. Si el tiempo lo permite, pintar al aire libre te evita tener que limpiar mucho.

Es mejor no darle a tu párvula un libro en que tenga que pintar o colorear dentro de las líneas. Si tiene la más mínima creatividad, le va a gustar más un gran pedazo de papel en que pueda garabatear a sus anchas.

Que tu niña use la mano que prefiera. Si es zurda, seguramente que tú lo vas a saber para sus tres años.

¿Cuánta televisión?

Ciertas investigaciones muestran que los niños agresivos son quienes tienden a ver mucha violencia en la televisión. También muestran que los niños que miran demasiado la TV muestran menos imaginación al jugar y en la escuela que los niños que no la ven tanto.

Un párvulo que mira TV varias horas al día se pierde el juego activo que necesita. Sin duda, también ve programas con escenas que asustan, programas que presentan un retrato distorsionado de las relaciones entre hombres y mujeres y otras situaciones que tienden a asustarlo o confundirlo.

Nosotros no queremos que Elena vea películas de horror. De hecho, a mí me parece que un niño no debe mirar tanta TV. No es bueno para el desarrollo de ellos.

Hay demasiada violencia y puede contaminarles la mente.

Carlos, 19 años, Elena, 23 meses (Monica, 18)

¿Puedes ver TV con tu niño y dialogar con él sobre lo que ve y escucha? Si ambos ven todos los días una hora o algo así de programas escogidos y dialogan sobre ellos, la TV puede ser una influencia positiva en tu párvulo.

Si tu familia mira mucho la TV, posiblemente tienes poca influencia en el número de horas en que la TV está encendida diariamente. Probablemente la mejor táctica en este caso es encontrar un lugar tranquilo donde tú y tu niño puedan jugar alejados de la TV.

Jugar al aire libre

A los párvulos les gusta jugar al aire libre. Les viene bien. Por lo general, son más activos afuera que adentro. El ejercicio les ayuda en el desarrollo motor o motriz. También les abre el apetito y los prepara para acostarse.

Vi a Karina ayer. Nos volvemos locos. Luchamos.
Vamos al parque; y el mes pasado fuimos a Disneyland.
Le he enseñado a nadar.

Luis, 20 – Benito, 8 meses; Karina, 3 años (Myndee, 21)

¿Tienes un patio cercado donde tu párvula puede jugar? Si es así, ella y tú tienen suerte. Por supuesto que aún necesita mucha supervisión.

Si no tienes patio, ¿la puedes llevar a un parque cercano? A ella también le gustará la caminata contigo. No va a ser la clase de caminata para hacer ejercicio caminando rápido. Tu

Jugar con bloques grandes con papi es emocionante.

párvula no tendrá prisa. Lo que hará es explorar todo lo que encuentre a su paso.

> *Un día sí y un día no durante el verano llevamos a Leah al parque. Hay un lago allí cerca de la carretera y vamos de paseo al parque y a ver los patos volar.*
> *En el invierno vamos a otro lago a ver los patos.*
>
> Lyle, 19 – Leah, 30 meses (Lyra, 18)

Darle a tu niña muchas experiencias nuevas le ayuda a aprender acerca de su mundo. Llévala al aeropuerto para que vea los aviones que despegan y aterrizan, a la estación del tren y a una construcción. Se va a divertir con esas cosas que pueden hacer juntos ya sea que residas o no bajo el mismo techo con tu niña.

¿Cuánto juego rudo?

El juego rudo es una actividad que los párvulos y los padres, especialmente los papás, disfrutan a menudo. Pero no es prudente jugar a pegarse uno a otro si no quieres que tu niño golpee a otros niños. Tampoco es sensato agitar a tu niño tanto que luego se dificulte calmarlo.

> *Me parece que los padres deben sentar el ritmo. A mi esposo le gusta jugar rudo. Luego se cansa y quiere parar, pero los chicos no están listos para parar. Es que no pueden parar así de golpe. Tienes que aflojar poco a poco y tomarlo más fácilmente. Tardó bastante en aprenderlo.*
>
> Annabel, 26 – Andrew, 10; Anthony, 7; Blanca, 5; Brooke, 2

El juego activo a la hora de acostarse no es buena idea. Quieres que tu niño se calme. Por eso es que un cuento como parte de la rutina funciona mejor.

"¿De dónde vienen los bebés?"

Tu párvulo a lo mejor empieza a preguntar sobre asuntos sexuales. En ese caso, que sepa que aprecias sus preguntas,

las que debes contestar en términos que él pueda entender.
Cuando pregunta "¿de dónde vienen los bebés?", le podrías
decir: "los bebés crecen en un lugar especial en el cuerpo de la
mamá".

Si pregunta cómo entró el bebé al cuerpo de la mamá, le
puedes decir que una mamá y un papá juntos hacen a un bebé.
Podrías explicarle que el espermatozoide se introduce en la
mamá por medio del pene del papá.

A veces las niñas se preguntan por qué ellas no tienen pene
y los niños se preocupan de que el pene se les puede desprender. Explica que los niños y las niñas están formados de
manera diferente. Enséñale a tu niño o niña el nombre correcto de sus órganos genitales. Menciónalos igual que las otras
partes del cuerpo.

Tanto los niños como las niñas manipulan sus genitales.
Cuando se dan cuenta de que se sienten bien al hacerlo, a lo
mejor se masturban. Esto no hace ningún daño. Es normal y es
sensato ignorarlo.

Un padre que le dice a su hijo que masturbarse es malo
puede hacer que su hijo se considere mala persona, o que pien-
se que el sexo y las sensaciones sexuales son malas. Ése no es
un aporte realista ni sano.

Horas para padre e hijo

*Considero que un padre se debe involucrar porque tu
hijo es niño una sola vez. Una vez crecen, nunca puedes
recobrar ese tiempo.*

*Debes pasar con ellos todos los momentos que te sea
posible. Así la puedes ver progresar y no pierdes nada de
su vida de ella.*

*Mi familia es lo más importante para mí en la vida.
Trabajo puede o no puede haber, pero todos los años mi
hija crece y esos días nunca volverán.*

*Yo y Elena, tenemos nuestras horas juntos. Yo trato
de pasar el mayor tiempo posible con ella. Pero a veces
cuando estoy trabajando, regreso a casa bien agotado.*

Ella da vueltas y dice "papi, papi" y yo, sentado,
comatoso. Pero me gusta jugar con ella y a ella también
le gusta, o si no, le leo un cuento. A ella le encantan los
libros.

Carlos

Probablemente vienes cansado del trabajo. A lo mejor te queda poca energía para jugar con tu niño o niña. Pero casi todos los niños esperan con ansias el momento especial de jugar con papi. Cuando esto sucede, se establece entre padre e hijo un lazo placentero para los dos.

Este lazo o apego es la mejor base posible para la buena disciplina. Si no resides en la misma casa con tu hijo, es aun más importante planear momentos especiales con él.

¿Y el uso del inodoro?

Enseñar el uso del inodoro casi nunca se debe considerar para niños menores de dos años. Casi todos los niños no están listos para usar el inodoro sino hasta después de los dos años. Algunos son bastante mayorcitos. Una intentona muy temprana para que aprenda a usar el inodoro le puede parecer muy extraña a un niño.

Imagina que eres párvulo. Tu mamá y tu papá te han puesto pañales por meses. Te los cambian cuando están mojados o sucios. Luego un día te ponen otra clase de pantaleta y así de repente hay un "accidente" si esa pantaleta se moja o se ensucia. ¡Qué confusión!

Ahorrarás mucha frustración para ti y para tu niña si le cambias el pañal placenteramente hasta que ella decida que quiere usar el inodoro.

La verdad es que enseñar a usar el inodoro con buenos resultados depende mucho más del desarrollo que de la guía. No va a tener la capacidad de orinar o defecar confiablemente en la bacinilla de entrenamiento o en el inodoro hasta que pueda reconocer su necesidad de hacerlo.

Igualmente, tiene que desarrollar cierto control de los músculos que controlan la salida de los orines y las heces.

Entrenarla para que se siente en una bacinilla de entrenamiento antes de tiempo es algo insensato, una pérdida de tiempo para ambos.

El castigo no sirve para nada

No castigues a tu hijo por los accidentes. No se puede enseñar a usar el inodoro a la fuerza. Un niño que se siente presionado estará tenso y no podrá orinar cuando lo desee. Probablemente tendrá más accidentes.

Cuando tu niño tiene un accidente, límpialo con calma y ponle ropa limpia. No se ha portado mal; fue un accidente y no tiene que avergonzarse. Cuando lo logra, alábalo. Dile lo contento que estás porque él lo logró. También sirve que otros miembros de la familia le digan que están orgullosos de él.

La manera ideal de enseñarle a usar el inodoro es por imitación. Tú le enseñas cómo se hace. Si le das ánimo para que se siente en su bacinilla mientras tú te sientas en el inodoro grande, se dará cuenta más pronto de lo que tiene que hacer.

Aun después de que el aprendizaje empieza a funcionar bien, ciertos niños tienen accidentes frecuentes otra vez. Si esto le sucede a tu niño, no te preocupes. Maneja los accidentes con calma. Si ocurren demasiado a menudo, vas a tener que ponerle pañales otra vez hasta que parezca listo para empezar el aprendizaje otra vez.

Ciertos niños aprenden muy fácilmente y a otros se les dificulta más. Cada niño es diferente, de modo que no existe un sólo método o una edad específica para todos los niños. Tu niño tendrá que aprender cuando esté listo.

Si tu niño pasa mucho tiempo en una guardería, o con abuelita u otra cuidadora, es importante que todos los involucrados lo traten de la misma manera cuando está listo para usar el inodoro.

Si no residen bajo el mismo techo

Si no resides con tu niña, ¿la ves a menudo? Cuidado con decirle que la ves mañana – tienes que cumplir, la tienes que ver cuando le dices que la vas a ver. A veces las madres solteras se quejan de que el papá de su hijo o hija no se presenta cuando ha prometido visitar. Esto puede ser una gran decepción para una criatura.

Los niños tienen la necesidad de confiar en su mamá y su papá. La confianza desaparece cuando el padre/la madre dice que va a hacer algo con el niño/la niña y no cumple su palabra.

Si la madre de tu niño/niña no quiere tus visitas, ¿qué puedes hacer tú? A no ser que la corte lo impida, tú tienes el derecho de pasar momentos con tu hijo/hija. Quizás si se puede contar con tus visitas – le dejas saber que vas a venir y siempre cumples con tus planes para pasar ratos con tu niño/niña—ella cooperará.

> *Yo visito todas las semanas. Una semana sí y otra no, traigo a Erica a casa a pasar el fin de semana. Yo converso y juego con ella. Le leo unos libritos cuando se acuesta y entonces se duerme. Me siento a su lado un rato para estar seguro de que no se va a despertar. Me gusta llevarla al parque y pasear con ella. También la llevo a otros lados.*
>
> Larry, 19 – Erica, 6 meses (Priscilla, 17)

El asombroso mundo de tu párvulo

El mundo total de tu párvulo es fantástico. Todo es nuevo. Los párvulos realmente no necesitan ir a Disneyland porque encuentran cosas maravillosas dondequiera que estén.

Tu tarea es compartir su entusiasmo, guiarlo y apoyarlo mientras descubre su mundo.

*La disciplina (enseñanza) sin castigos fuertes da mejores
resultados con los bebés y los párvulos.*

11

La disciplina
como guía para tu niño

- Quiere complacerte
- Compartir tus creencias
  sobre la crianza
- Aprende rápidamente
- Establecer límites
- Aprende por exploración
- Facilitar el buen
  comportamiento
- Síndrome de sacudida infantil
- Los párvulos y la disciplina
- Cuando le gritas, le duele
- ¿Es necesario golpear,
  abofetear o zurrar a los niños?
- El castigo interfiere
  en el aprendizaje
- El abuso o maltrato infantil
  es una realidad
- Ayudar a tu párvulo
  a que se comporte bien
- Estrategias disciplinarias

*Yo no le doy nalgadas.
Sólo le hablo. Me imagino
que ella entiende el tono
de mi voz. Yo fui víctima
de maltrato infantil y no
le voy a poner la mano
encima a mi hija. Trato de
ser mejor padre de lo que
mi madre fue conmigo.*

*Yo le hago saber las
cosas con palabras, no con
las manos encima.*

*Yo sé cuánto me disgus-
taba que me golpearan.
A mí me botaron a los 14
años. Ahora me violento a
veces y pienso que ella no
se merece nada como eso.*

Lorenzo, 17 – Aviantay, 2 años
(Monique, 18)

143

De chiquillo, me golpeaban mucho. Yo no quiero
golpear a mi hijo jamás. Quiero ganarme su respeto,
que sepa que lo estoy disciplinando de palabra. No
quiero usar fuerza física –pienso que no es lo correcto.
Las zurras que me daban no sirvieron para nada. Lo
que sucedió es que me enfurecí por dentro y me hice más
violento.

Todd, 18 – Avery, 6 meses (Celia, 19)

Pasó por la etapa del "no" bien temprano – desde
que tenía un año. Es difícil. Se para por ahí y dice "no".
A veces me enoja bastante. No podemos gritarle porque
en realidad no sabe lo que dice.
   A mí me sorprende que no le damos muchas nalga-
das. Por lo general, cuando le hablamos, nos escucha.
Le permitimos jugar con muchas cosas, pero lo observa-
mos y él sabe que hay un límite.

Jarrod, 19 – Wade, 18 meses (Valerie, 17)

¿En qué piensas cuando dices "disciplina"? ¿Castigo? Disciplina significa educar. Proviene de la misma raíz de discípu-
lo, uno a quien se enseña. En este sentido, tu niño es tu discí-
pulo. Tu tarea es guiar y enseñar a tu hijo a que se comporte
de maneras que pueda entenderse con el mundo en que vive.
   Tu enseñanza le va a ayudar a desenvolverse mejor en la
vida, tanto ahora de niño como más tarde, de adulto. Puedes
disciplinar a tu niño mejor en un lugar seguro para niños, con
cosas interesantes para explorar y para jugar. Lo más importante de la disciplina es facilitar que los niños se comporten
correctamente.

Durante mi niñez, mi papá no estaba presente, estaba
en la cárcel. Mi mamá solía decirme "estás castigado"
y en cinco minutos yo estaba afuera y rompía la ventana
de un vecino. De chiquitos nos daba bofetones, pero cu-
ando crecí más, yo le decía "tú no me puedes golpear".
Es como te crían, lo que tú haces, pero sabes una cosa,
estoy aprendiendo a hacer exactamente lo

opuesto.

Todas las cosas en que no queremos que Kolleen se meta las ponemos en un lugar alto que no puede alcanzar. Puede hacer todo lo que quiere con las cosas que tiene en su cuarto.

Tenemos muchas cosas en gavetas que ella no puede abrir. La disciplinamos, pero no le damos nalgadas ni le gritamos. Ella entiende cuando le digo "no". Pone la carita triste – ella sabe.

Santos, 17 – Kolleen, 17 meses; Jameka, 5 meses (Leanne, 16)

Quiere complacerte

Todavía no tiene los dos años y ya le gusta complacernos. Cuando me pongo serio con ella — y yo soy bastante grande —, me escucha. Aunque haga o no haga lo que le digo, ella sabe que algo anda mal.

Dos ideas sobre el particular – trato de no sobrepasarme porque si no, pierde su efecto. Lo otro es que casi siempre somos bien buenos con ella y le caemos bien y a ella le gusta estar con nosotros. Cuando le decimos algo en tono serio, ella escucha.

John, 21 – Mandi, 22 meses (Danielle, 20)

La mayoría de las veces la disciplina no es tarea difícil. Por naturaleza, tu niña quiere complacerte. Usualmente, tratará de comportarse de la manera que ella cree que tú quieres que se comporte.

Su curiosidad natural y su necesidad de explorar le causarán problemas de cuando en cuando. Todos los niños necesitan algo de ayuda para controlar o limitar comportamiento indeseable. Una relación atenta a base de amor y confianza facilita el que tu niña/niño acepte límites a su comportamiento.

Compartir tus creencias sobre la crianza

Tú y tu pareja tienen que compartir mutuamente las ideas sobre la crianza, especialmente en lo concerniente a la disciplina. Casi todos los padres y las madres tienen ideas arraigadas acerca de cómo manejar a un niño.

Si al padre o a la madre le daba zurras su padre o su madre, sólo a uno de los dos, puede ser difícil ponerse de acuerdo sobre métodos disciplinarios para su niño o niña. Es importante que toda persona que interactúa con tu niño o niña concuerde lo más posible con las técnicas de disciplina (aprendizaje).

Aprende rápidamente

Tu niña de dos o tres años anda muy ocupada aprendiendo palabras nuevas y puede hablar más. Usualmente entiende lo que le dices si usas palabras sencillas y frases cortas. Pero habrá muchas veces en que no interpreta el significado correctamente. Para ella, las palabras generalmente tienen significados y usos muy sencillos. Apenas ha empezado a aprender el lenguaje.

Ahora que está más grandecita, empezó a tocar un montón de cosas. Nosotros hemos puesto muchas cosas a prueba de niños – las puertas de las alacenas no las puede abrir. También pusimos unas cositas de hule en las puntas de las mesas y tapitas en los enchufes.

La comida y el agua del perro estaban en el piso de la cocina. Cuando empezó a gatear, se iba directo a esos platos, así que los quitamos de ahí.

Tim, 20 – Chamique, 21 meses (Jocelyn, 19)

A menudo cuando una párvula parece comportarse con insolencia, es sencillamene porque no entiende cómo se espera que actúe. Tú puedes ayudarle si, antes de hablarle, te agachas o acuclillas y la miras directamente a los ojos. Ahora tienes su atención. Háblale pausadamente con palabras que tú sabes que ella entiende.

Va a aprender más rápido si se siente segura de tu amor.

Establecer límites

Tú tienes que establecer ciertos límites. Un niño que siempre hace lo que le viene en ganas cuando le venga en ganas probablemente va a causar problemas para sí mismo y para los demás. Pero como los límites le restringen la libertad para explorar y aprender, establece los mínimos límites posibles. Una vez sentado un límite, mantenlo. La firmeza o constancia es sumamente importante. Tus límites definen áreas de juego y cosas con que jugar o juguetes seguros. Tus límites le dan seguridad porque sabe lo que puede hacer. Sabe que alguien lo observa y se preocupa por él.

Aprenderá acerca de los límites por medio de la disciplina. Advierte que la palabra es disciplina, no castigo. El castigo no debe ser para disciplinar a bebés y párvulos.

Aprende por exploración

Al principio quien va a necesitar la mayor parte de la disciplina eres tú. Eres tú quien tiene que terminar el comportamiento errado. Si la criatura se mete algo peligroso o sucio en la boca, a ti te toca sacárselo. Los objetos que no son para tocar se tienen que poner fuera del alcance de esas manitos. Tienes que llevártela de áreas que no ofrecen seguridad, o tienes que poner barreras.

Alexis empezaba a meterse en las cosas y me hacía enojar. Yo le decía "no hagas esto, no hagas aquello". Le gritaba mucho pero ahora estoy tratando de no gritarle tanto.

Tengo que poner las cosas donde ella no las puede alcanzar. Si no hago eso, tengo que vigilarla mucho porque si no, gatearía y se metería en otra cosa.

Dennis, 17 – Alexis, 6 meses (Tara, 10)

Una vez que empieza a gatear, tienes entre manos un problema si la casa no se ha puesto a prueba de niños. Ella quiere y necesita explorar. Así es como aprende.

Facilitar el buen comportamiento

Los bebés no entienden lo que deben o no deben hacer. Sencillamente, tienen que explorar porque están en ese momento de desarrollo. Pegarle en las manitos cuando agarra las cosas probablemente no le va a cambiar el comportamiento. Sí puede perjudicar la confianza que tiene en ti y dificultar más la disciplina en el futuro. Facilítale el buen comportamiento. Si no quieres que toque alguna cosa, ¡ponla en otro lado!

Si el niño quiere algo que no debe, y eso no se puede colocar fuera de su alcance, tienes que tomar en serio la responsabilidad de mantenerlo alejado.

Vamos a quitar las cosas de las mesas para no tener que estar diciéndole "no" a cada rato. La mamá de Julie tiene una mesita de sala con portavasos, flores, cosas por el estilo. Nosotros le decimos que hay que quitar todas esas cosas de la sala y de la cocina. Ella está de acuerdo.

Jason, 18 – Josh, 2 meses (Julie, 17)

Si no quieres o no puedes poner la casa a prueba de niños, tienes que querer y poder pasar enormes cantidades de tiempo ayudando a tu niño a entendérselas con su entorno. Por supuesto que, con el tiempo, tu niño va a aprender que ciertas cosas le pertenecen y otras no. Con ciertas cosas se puede jugar y con otras no. Esto no ocurre sino hasta casi los tres años o más.

Síndrome de sacudida infantil

A veces un padre o una madre sacude a un bebé o un niño que se está portando mal. Esta acción es físicamente peligrosa.

El cuello de una bebé es sumamente débil. Al principio no puede ni siquiera levantar la cabeza. La cabeza de una bebé y hasta de una niña es grande y pesada en comparación con el resto del cuerpo. Si la sacuden, la cabeza va a rebotar de atrás para adelante, entre la espalda y el pecho. Todavía no puede poner tiesos los músculos del cuello para protegerlo.

A esta tierna edad, tiene el cerebro más pequeño que el cráneo. Esto permite que haya espacio para el rápido crecimiento del cerebro. Así, si la cabeza se sacude, el cerebro se va a arrojar de un lado a otro dentro del cráneo. El cerebro se le puede magullar e hinchar. La sacudida también puede causar hemorragia y coágulos de sangre. Puede causar daño permanente y hasta la muerte.

Aunque pareciera que muchos niños sobreviven una sacudida sin discapacidades, a lo mejor no son tan inteligentes como podrían haberlo sido. Más adelante pueden aparecer problemas visuales o de aprendizaje.

Hasta tirar a un bebé al aire como juego no es seguro por las mismas razones.

Cuando lee con papi, la disciplina no es problema.

Los párvulos y la disciplina

Elena siempre ha sido una bebé buena, pero tiene sus momentos. Últimamente está pasando por la etapa de los terribles dos años – quiere hacer sólo lo que ella quiere. Ahora nos dice "no". Yo trato de no gritarle y no quiero pegarle.

Se dirige a agarrar algo en los muebles y le decimos que no lo agarre. Le decimos "no" y nos mira y luego lo agarra. Se lo quitamos y ella lo vuelve a agarrar, y después lo bota.

Carlos, 19 – Elena, 23 meses (Monica, 18)

Cuando esto te suceda a ti, no grites. Levántate y anda al otro extremo de la habitación. Dile a tu niño lo que debe hacer al tiempo que lo alejas de lo que no puede tocar. Si le gritas las instrucciones a distancia, probablemente no las va a entender. Aunque las entienda, probablemente te va a ignorar. Él entiende muy poco lo que está "bien" o "mal" o lo que puede suceder como resultado de sus acciones. No tiene idea de lo delicado que es el florero que acaba de agarrar, que se le puede caer de las manos y romperse, hasta que ha pasado eso exactamente.

Casi todos los párvulos son "buenos" si por casualidad tienen ganas de hacer lo que deben hacer y no hacer lo que no deben. Apoya su deseo de independencia deshaciéndote de los límites que no son realmente necesarios. Los límites necesarios, como no irse a la calle, tienen que mantenerse con firmeza y consistencia.

Cuando le gritas, le duele

¿Sabes cómo los padres gritan y dicen no puedes hacer esto y no puedes hacer aquello? Yo no quiero gritarle ni pegarle a mi hijo porque no me parece que así aprenden nada. Cuando yo era chiquito, me pegaban. Eso no me enseñó nada. Si te pegan todo el tiempo, pronto ya te va a dejar de doler. Si se porta muy mal, yo no me salgo de mis casillas. Primero reflexiono,

luego lo converso con él y le digo por qué no debe
hacer eso. Cuando es bebé, absolutamente de ninguna
manera se le debe castigar.

Jimmy, 17 – Roman, 1 año (Rosalva, 19)

Nadie debe nunca disciplinar a un niño cuando está colérico. Muy a menudo, las personas enfadadas usan tácticas que no quieren que su niño copie. Son gente grosera. Gritan, usan lenguaje soez y hacen amenazas horribles. Gritar es abuso o maltrato verbal. Los gritos asustan a un niño. Eso es muy duro para su autoestima.

Una autoestima pobre es un gran obstáculo no sólo para el buen comportamiento sino también para el aprendizaje. Si considera que no es una buena persona, se va a comportar como que no lo es. Eso no es lo que tú quieres para tu hijo.

Nosotros somos los modelos para nuestros niños. Si queremos que nuestros hijos respeten a otras personas, tenemos que mostrarles ese respeto. Gritarle al niño no muestra respeto.

¿Es necesario golpear, abofetear o zurrar a los niños?

¿Se debe abofetear o zurrar a los niños? Hay quienes dicen que sí, pero cada vez hay más que dicen que no. Usualmente dicen "no" porque han descubierto que las nalgadas no surten mucho efecto.

Yo no creo en golpear. Yo no voy a golpear a mi hijo.
A mí me golpeaban. Odio ver a alguien sufriendo, con
dolor, y no quiero ver a Jaysay llorar. No quiero que
pase por lo que pasé yo. Yo he estado en hogares de cri-
anza. Mi crecimiento fue muy muy malo, pero no quiero
que pase por eso.

Darrance, 17 – Jaysay, 1 año (Victoria, 17)

Pegarle a una niña no la va a volver obediente. No hay manera de obligarla a comerse su comida o a orinar en el inodoro, por ejemplo. Darle nalgadas o palmetazos no es recomendable por muchas razones. La bebé muy pocas veces

entiende por qué tú, alguien en quien ella confía, la golpea y
la hace llorar. Aunque tenga conciencia de que te ha disgusta-
do, ahora sabe que herir a la gente está bien, especialmente si
tú eres más grande y más fuerte. Tiene que ser – papi o mami
la golpeó. ¡Están bien las bravuconadas!

> *Dar nalgadas no les enseña a detenerse. Golpearlos*
> *sólo los encoleriza y vuelven a hacer lo indeseable. Otra*
> *cosa es enseñarles – mostrarles lo que no deben tocar...*
> *A medida que crecen, sabrán lo que está mal.*
>
> *Cuando mi familia me azotaba, yo sabía que lo que*
> *había hecho estaba mal – pero me encolerizaba más y*
> *más, y yo seguía haciéndolo. Yo robaba y todo lo demás,*
> *y me seguían encerrando. Ahora que tengo familia, sé*
> *que no vale la pena tratarlas como me trataron a mí.*
>
> Alton, 17 – Britney y Jakela, 1 año (Sharrell, 19)

El castigo interfiere en el aprendizaje

El castigo intenta controlar el comportamiento a la fuerza,
usando el dolor y la pérdida para efectividad. Puede interferir
en el aprendizaje porque nadie aprende tan bien cuando tiene
miedo. Además, el castigo le da al niño un sentido de
inferioridad.

> *Tú te sientes más allegado a quien no te azota. Yo*
> *hice eso con mi papá porque él nunca me golpeaba.*
> *Pegar o golpear no va a servir de nada porque te pegan*
> *y se acabó el asunto. No importa para nada.*
>
> Wayne, 17 – Ricky, 6 meses (Charlene, 16)

El castigo severo deja cicatrices emocionales. Ciertos
niños buscan venganza, otros se sienten víctimas culpables
y humilladas, personas incapaces de hacer nada por temor al
fracaso. No aprenden a pensar por sí mismos.

La obediencia a ciegas no es la meta de la disciplina. La
obediencia a ciegas convertirá a la niña en seguidora que va a
hacer lo que otros le dicen sin pensar si algo es bueno o malo.

El abuso o maltrato infantil es una realidad

Otra razón para no azotar como castigo es el peligro real de perder el control. El abuso o maltrato infantil es una trágica realidad para muchas familias en los Estados Unidos. Más de un millón de niños resultan maltratados todos los años y de ésos, como unos 2,000 fallecen.

Si un padre decide que golpear es un buen método de castigo, ese padre probablemente pegará más fuertemente que el padre que no está de acuerdo con los azotes en primer lugar. (Igual sucede si quien golpea es la madre.) Los padres a quienes azotaron mucho o a quienes maltrataron de niños están más predispuestos a maltratar a sus propios hijos.

Los hombres tienden a ser más agresivos, y cuando se trata de niños tienes que enfrentar esta situa-ción. Los niños no necesitan esto. ¿Cómo manejas tú las frustraciones y enfados de la crianza? Apártate. Si necesitas una pausa, busca a alguien que se quede con tu niño por un rato. Deja que las cosas se calmen un poquito y no se te ocurra pensar que es una lucha por el mando.

No se trata de una lucha por el mando con tu niño. Sencillamente, lo que hace es explorar su mundo, probar sus linderos, aprender lo que puede lograr sin castigo. Eso no lo hace para enojarte o molestarte.

Greg, 17 – Liana, 1 año (Nicole, 17)

Ayudar a tu párvulo a que se comporte bien

Tú puedes y debes limitar el comportamiento de tu párvulo con restricciones necesarias. Puedes y debes parar sus actividades cuando sea necesario ya sea quitándolo del lugar o ayudándole a hacer lo que tiene que hacer. Eso es parte de tus labores como padre.

Muchos padres (y madres) recurren de cuando en cuando a una nalgadita en el traserito con pañal. El niño sobrevive tranquilamente, pero lo cierto es que la nalgadita no logró mucho.

Un niño a quien se azota está menos dispuesto a obedecer en el futuro.

Yo cambio el tono de voz cuando se porta mal, pero no la nalgueo. A mí no me parece que eso es lo correcto. Me imagino que cuando les pegas, eso sólo les hace tenerte miedo. Te tienen miedo y te odian.

A mí me pegaban; y me parecía que hubiera sido mejor que mi papá se sentara conmigo y me hablara y me dijera lo que había hecho yo incorrectamente. De ese modo yo hubiera podido entender y no lo hubiera hecho de nuevo.

Cuando me golpeaba, yo corría afuera a esconderme. No me daba ninguna alegría. Me parece que yo lo querría más si no me hubiera azotado.

Danny, 18 – Ashley, 15 meses; Aaron, 3 semanas (Desiree, 16)

Puedes encontrar estrategias de disciplina que funcionan sin gritar, nalguear, o pegar. Además, tómate el tiempo para apreciar a esta agradable personita que es tu hijo. Respeta su necesidad de explorar y aprender. Piensa en cosas que puedes hacer para ayudarle a triunfar en su camino hacia el descubrimiento. De esa manera, tanto tú como tu hijo triunfarán.

Estrategias disciplinarias
Estrategia 1. Di "no" escasamente.

"No" es una palabra importante en la disciplina, pero no la digas muy a menudo. Tu objetivo al decir "no" es que tu niña reaccione, que deje de hacer lo que está haciendo. Si oye "no" cada dos minutos, todo el santo día, no va a responder.

Apenas empezamos con la disciplina y es difícil. Liana se está formando sus propias opiniones. Tratamos de decirle "no" lo menos posible porque de otro modo no va a surtir efecto.

Le hemos enseñado palabras como "caliente" y ella entiende. La distraemos lo más posible. El "no" sólo

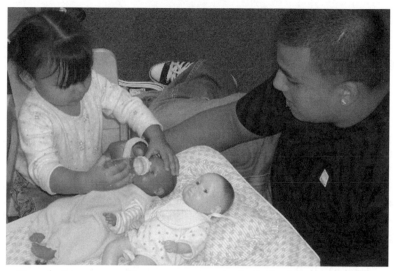

Cuando juegas con ella, no es necesario decir "no" muy a menudo.

funciona parcialmente y si te sobrepasas vas a resultar frustrado.

Greg

Si oye "no" sólo unas cuantas veces al día, y oye un tono de voz diferente, de haz lo que te digo, va a aprender a reaccionar y obedecer. Eso es lo que tú quieres.

Estrategia 2. Distráela

Cuando la distraes de una actividad indeseada con algo diferente que le das para jugar, con frecuencia puedes hacerlo sin usar nunca la palabra "no".

"Aquí tienes tu pelota. ¿Puedes tirármela?" es mucho mejor que decirle a una bebé de nueve meses: "no, no hagas eso". De este modo le dices lo que debe hacer.

Estrategia 3. Enfoque positivo

A mí me incomoda mucho que diga "no" y no haga lo que yo le digo que haga – especialmente cuando yo sé que ella sabe exactamente lo que quiero. No me mira – sólo se queda allí y no hace lo que yo le digo.

John

Agáchate y mírala directameante a los ojos antes de decirle lo que tú quieres que ella haga. Así estará más dispuesta a escucharte y entender lo que le dices. Mucha información le llega por medio de tu lenguaje corporal y expresiones faciales.

Cuando le hablas, dale órdenes positivas en vez de negativas. Dile lo que debe hacer en vez de lo que no debe hacer. En vez de decirle "no toques el florero", dile "el florero tiene que estar en la mesa". En vez de "deja de tirarle la cola al gato", dile "vamos a acariciar al gatito con ternura".

Estrategia 4. Comunicación y respeto

La disciplina durante toda la niñez será más fácil si tú y tu niña se comunican con facilidad. Háblale cuando le cambias el pañal. A la hora de comer, háblale de lo que está comiendo.

Cuando le hablas, le dices que todas esas cosas que haces por ella son más que un deber que tienes que cumplir. Son cosas que haces porque ella es realmente importante para ti.

La comunicación con tu hija y el respeto haciaella son importantes, sea recién nacida, párvula o adolescente.

Estrategia 5. Estilo de vida constante y equilibrado

Los niños pequeños por lo general comen mejor y se duermen más fácilmente si estos eventos ocurren más o menos a la misma hora todos los días. Si tu párvulo está bien alimentado y descansado, va a ser mucho más fácil de manejar.

Él necesita tanto juego activo como tranquilo. Si está demasiado activo, a lo mejor se cansa o se estimula demasiado. Sentarse tranquilito largo tiempo también es difícil. Necesita mover los músculos y tiene que explorar. Un equilibrio de actividades activas y tranquilas es lo mejor.

Estrategia 6. Dale opciones

Dale una opción cada vez que puedas. "Es hora de bañarte. ¿Prefieres la tina o la ducha?" puede hacerlo cooperar más rápidamente que "tienes que bañarte ahora". "¿Quieres el almuerzo afuera o en la silla alta?" puede separarlo de su juego matinal más fácilmente que la orden de "ven a almorzar ya mismo".

Cuando le das una opción, siente que tiene control sobre su entorno y que es competente. Esto quiere decir que está menos dispuesto a desafiarte.

Las opciones que le das tienen que ser sencillas. Aun así, puede ser que se le dificulte atenerse a la opción elegida. Por ejemplo, si le ofreces jugo de manzana o leche como refrigerio o merienda, puede ser que opte por la leche. Entonces se puede agitar mucho si no le das el jugo. Deja que cambie de opinión. Eso está bien.

Asegúrate de que las opciones que le das son reales. No le preguntes "¿quieres acostarte ahora?" si ya has decidido que tiene que acostarse. Señala el reloj y dile: "¿qué cuento quieres que te lea?"

Estrategia 7. Refuerza los comportamientos que te gustan

Reforzar el buen comportamiento es una parte importante de la disciplina. Si ignoras a tu hijo cuando está jugando tranquilito, no se refuerza su comportamiento. Lo que debes hacer es jugar o hablar con él sobre lo que está haciendo. Por ejemplo, dile "me gusta cómo apilaste los bloques". O siéntate tranquilo y míralo jugar.

Mandi sólo ha tenido un par de pataletas hasta ahora. La elogiamos mucho cuando se porta bien. Eso es casi todo el tiempo y tratamos de reforzarlo.

Nosotros somos bastante constantes. Ella quiere realmente ser una niña buena. Me parece que tiene que ver mucho con la atención. Cuando les prestas mucha atención, no se tienen que comportar mal.

John

Los párvulos necesitan mucha atención. La atención positiva por parte de personas queridas hace que el aprendizaje tenga más sentido e importancia. El elogio o la alabanza funcionan mucho mejor que el castigo.

Si la niña recibe tu atención y compañía cuando se comporta como tú quieres que se comporte, probablemente seguirá haciendo las cosas que atraen la atención que ella anhela de ti. Si a ella le parece que le ponen atención casi siempre cuando se porta mal, probablemente se va a portar mal más a menudo.

Estrategia 8. Anuncio antes de cambiar de actividad

A muchos niños pequeños se les dificulta cambiar de actividad. Se involucran tanto con lo que están haciendo que les es difícil parar.

Anúnciale unos minutos antes que quieres que cambie de actividad. Entonces sabe que su juego se va a interrumpir, y puede empezar a pensar en lo que va a venir después.

Esto le ayudará a aprender a anticipar y planear con anterioridad. La transición de una actividad a la siguiente será mucho más fácil para ambos.

Estrategia 9. Digno de recompensa

Una recompensa por un comportamiento determinado debe ocurrir como resultado natural de tal comportamiento. Por ejemplo, dile que si ayuda a recoger sus juguetes, tú tendrás más tiempo para leerle un cuento. Si coopera en el supermercado, pasarán un rato en el parque antes de regresar a casa.

Muchas veces la mejor recompensa es decirle que ha hecho las cosas muy bien y que estás muy orgullosa de ella. Esto significa más para ella que decirle que es una niña buena. Al reconocer su habilidad para hacer una tarea y hacerla bien, le ayudas a sentirse competente. Se sentirá capaz de aprender aun más.

**Estrategia 10. Un descanso
o una interrupción puede servir**

Hay quienes usan un descanso o una interrupción como técnica disciplinaria. Si el niño se porta mal, se le dice que se siente en una silla por un tiempo específico. Usualmente, se emplea un relojito y el padre (o la madre) dice: "te puedes levantar cuando el relojito suene".

Si utilizas descanso o interrupción, el tiempo debe ser muy corto, tal vez un minuto por cada año que tiene. Mejor aún, usa la técnica pero no sugieras que es una forma de castigo.

Cuando tu párvulo se incomoda, llora o "hace un papelón" y se porta mal, lo que hace es expresar sufrimiento. Golpear, morder, tirar los juguetes u otros objetos puede ser una indicación de que el niño ha perdido el control de su comportamiento y puede ser que necesite ayuda para recuperarlo. Un descanso/una interrupción puede servir.

Esa interrupción no tiene que ser rato sin actividad. No es necesario ni recomendable que se siente en una silla en un rincón. Puede ser momento para descansar, o con una actividad alejada del ruido y la conmoción y otro estímulo. Tu objetivo no es castigar a tu hijo sino ayudarle y apoyarlo para que vuelva a tener autocontrol.

Tal vez a medida que crece, él mismo va a reconocer su necesidad de descansar y relajarse. Es posible que esto suceda si la interrupción ha sido una experiencia positiva y no se ha empleado para castigarlo o avergonzarlo.

Estrategias en vez de castigo

Tú podrás pensar en muchas otras estrategias que darán resultado con tu hija. El uso de estrategias disciplinarias para ayudarle a comportarse de manera apropiada hace que la cianza sea mucho más eficaz que el uso del castigo para que obedezca a la fuerza. Con tus estrategias disciplinarias, no sólo le vas a ayudar a que aprenda autocontrol sino que le das apoyo a su autoconfianza. Le das respeto propio.

La disciplina empieza por tu relación con tu niño. Si tienes una buena relación, él te quiere complacer tanto como tú lo quieres complacer a él. Quieres hacer cosas para que él se sienta bien. Quiere hacer cosas que te hacen sentir bien a ti.

Lo más importante es que la buena disciplina requiere una cantidad inagotable de amor.

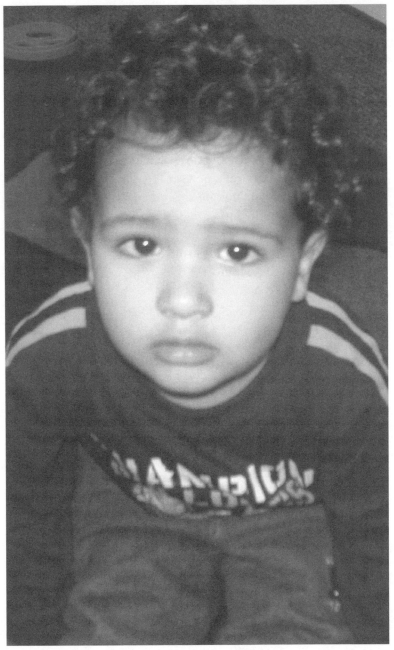

Quiere hacer todo lo que haces tú.

12

¿Papás en pandillas, "gangas" o maras?

- ¿Por qué meterse en una pandilla?
- ¿Afecta la crianza el envolvimiento con pandillas?
- ¿Ropa de pandilla para los bebés?
- Si decides salirte
- Las armas de fuego y los niños aparte
- ¿Se comprometerá tu hijo con una pandilla?
- Enseñar a tu hijo a no ser violento
- Manejo de la furia, ira o cólera

Ahora soy más responsable. No ando de vago con mis amigos y no llego tarde a casa. Estuve metido con una pandilla pero eso cambió. Me expulsaron.

Muchos de mis amigos estaban en pandillas y la vida de ellos también cambió. Cuando tienen hijos por lo menos tratan de salirse. Ya no andan junto con esa gente porque eso no te va a llevar a ninguna parte. Yo tengo un amigo que ahora está en la cárcel en condena perpetua y no puede ver a sus tres hijos. Habló conmigo sobre la imposibilidad de ver a su bebé.

Marco, 18 – Lily, 1 (Serene, 18)

Fue cosa de escoger entre la pandilla y mi hija. La pandilla

*es muy intensa, y tienes que estar demasiado tiempo con
ellos. La bebé era mucho más importante que
andar bebiendo con mis amigos.*

*Fue realmente difícil salirme porque yo era casi uno
de los líderes. Ahora no tengo nada que ver con ellos.
Estuve en la cárcel por un tiempo y me di cuenta de que
eso no valía la pena. Me parece que realmente eso es
más importante para muchachos más jóvenes. Creoque
la gente se queda con las pandillas porque no los res-
petan en otros lados.*

Zaid, 19 – Amber, 15 meses (Tiffany, 20)

*A mí me han apuntado con un revólver y eso no es
chiste. Una vez yo y Lupe y mi hijo íbamos cruzando la
calle, sólo caminando de un parque local a casa. Un
carro nos cortó el paso y yo me molesté tanto que se la
menté al chofer. Éste decidió volver con dos mujeres. Al
final, me apuntó con el arma. Lupe empujaba el
cochecito y mi hijo no tenía más de 6 meses.*

*Lupe rompió en llanto y gritaba: "no lo maten" y yo
no podía decir nada, estaba así de aterrado. Las chicas
en el carro lo instaban a que volviera al carro y
finalmente se fueron.*

*Me hice el propósito desde ese entonces de refrenar
mi temperamento. Alguna otra persona podría
reaccionar aun más. Yo puse la vida de mi hijo en
peligro. Anteriormente, cuando yo era parte de una pandilla, podía salir corriendo y no preocuparme de dejar a
nadie. En este caso, no podía huir.*

Domingo, 22 – Lorenzo, 4 (Lupe, 21

¿Por qué meterse en una pandilla?

Miles de jóvenes en todo el país son miembros de
pandillas, "gangas" o maras. Se asocian, o los meten a golpes,
antes de ser adolescentes. Se meten en una pandilla porque
quieren ser parte de algo. Quieren ser parte de un grupo. El
apoyo que se dan unos a otros puede ser positivo. Puedes

sentirte protegido de otras pandillas.

> *Yo estaba en una pandilla. Ahora que tengo una hija*
> *ni siquiera me pasa eso por la mente. Siempre voy a*
> *hablar con mis amigos, pero lo que pasó anteriormente*
> *. . . Estoy tratando de vivir una vida diferente.*
>
> *El hecho de que estés en una pandilla no significa*
> *que eres una mala persona, pero es muy posible que*
> *vayas a dar a la cárcel y no puedas ver a tus hijos nunca*
> *más – o hasta te pueden matar. Eso no es lo que Brooke*
> *necesita de su padre.*
>
> Isaac, 18 – Brooke, 9 meses (Alexis, 17)

La membresía en una pandilla también puede significar envolvimiento con alcohol, drogas, robos, relaciones sexuales involuntarias y violencia. La violencia pandillera se reporta a menudo en los periódicos y los miembros de las pandillas hablan de ver cómo matan a sus amigos. Muchas escuelas no presentan seguridad para los estudiantes por actividad de pandillas, "gangas" o maras.

> *Anteriormente, desfogaba y me iba a la calle a*
> *buscar a alguien a quien aporrear. Ése era yo y no me*
> *importaba. Pero ahora tengo a mi hija y tengo que darle*
> *un buen ejemplo.*
>
> *Empecé en el 7º y 8º grados y cuando llegué a*
> *primer año, no me importaba. Estaba ahí de lleno.*
> *Todavía ganaba buenas notas. Siempre hacía mis tareas*
> *porque todavía tenía sueños. No quería estar en el*
> *mismo lugar haciendo la misma cosa día tras día. No*
> *quería ir a la cárcel, no quería hacerme drogadicto,*
> *pidiendo dinero en la esquina. Y luego mi hermano,*
> *siempre lo vi encarcelado, de entrada y salida. Decidí*
> *que esto tenía que acabarse ya mismo en mi familia.*
>
> Lucas, 21 – Kamie, 21 meses (Kelsey, 19)

¿Afecta la crianza el envolvimiento con pandillas?

> *Yo era un mal tipo, estaba en libertad condicional.*
> *Hace mucho tiempo fui miembro de una pandilla.*

*Empecé en el sexto grado, cuando me metieron a
golpes. Básicamente, eso es lo que es una pandilla,
tienes que jactarte de lo que puedes hacer frente a tus
amigos. Hoy día, considero que es estúpido, no me va
a llevar a ninguna parte. Cuando conocí a Emilia, le di
mi vida y ella me dijo que yo tenía que dejar la pandilla. Yo la dejé [la pandilla]. Todavía tengo amigos, pero
muchos de mis amigos también la dejaron.*

*Aquí es donde empieza la vida. No puedes ser malo el
resto de tu vida. Conseguí trabajo apenas me enteré de
que Emilia estaba embarazada.*

*Buscaré un mejor entorno para Sancia. El mundo
entero es malo, pero existen ciertos lugares que son buenos. En este momento estoy tratando de criarla lo mejor
posible. Estoy disfrutando de ella.*

Gavin, 17 – Sancia, 6 meses (Emilia, 16)

Si una joven que es miembro de una pandilla sale
embarazada, o si el padre de la criatura es miembro, ¿tendrá
algún efecto en su niño la participación en la pandilla? Riley
cree que no.

*He estado en reuniones con pandilleros y ellos han
traído a sus hijos. Corrían de un lado a otro y oían lo
que decíamos. Todos teníamos armas, dábamos vueltas,
bebíamos, jugábamos con los otros chicos, fumábamos
yerba, y los tipos, los papás, ni se inmutaban. Pero al
mismo tiempo, no se te ocurre pensar en eso porque no
son tus hijos.*

*Si le aporreaba la cara a alguien, o si lo golpeaba
con algo, o si está en el hospital o si lo dejaba para que
se muriera, sólo porque es de otro barrio, me puse a
mirar y reflexionar, éste es el bebé de alguien, aunque
tenga mi misma edad.*

*Miré a mi hijo y pensé, ¿será como yo? Pensé que
podría perder a mi hijo a causa de la violencia
pandillera. Mi familia entera está metida en pandilla:*

mi mamá, mi papá, mis tíos. Dorian es la siguiente
generación. Él es el que irá a la escuela para aprender,
no a estar por la calle haciendo algo indebido.

Ahora ya no puedo pensar sólo en mí, tengo un hijo
en quien pensar. Tengo un bebé hermoso que necesita
mucho amor. Cuando no tengo trabajo me siento muy
mal y a veces estoy casi a punto de irme a robar, vender
drogas, pero algo siempre me detiene. Ahora me gusta
mi nuevo estilo de vida. Voy a trabajar y traigo a casa
un cheque bastante grande. Todo anda bien en este
momento y nos vamos a casar el año que viene.

Riley, 18 – Dorian, 11 meses (Karen, 17)

A veces dentro de la pandilla a un párvulo lo tratan como
si fuera una mascota o un juguete. Los pandilleros ni siquiera
piensan lo más mínimo en sus necesidades o en su seguridad.
El amor y el nutrimento que necesita el niño puede ser muy
difícil de obtener.

¿Ropa de pandilla para los bebés?

Los bebés y los párvulos por lo común son personitas
adorables que tienen buena apariencia con cualquier ropa que

Ahora tengo un hijo en quien pensar.

les pongan. A los pequeños les encanta copiar a sus padres y usualmente creen que es una gran idea vestirse como mamá o papá. ¿Se extiende esto a la vestimenta de la pandilla? Los padres jóvenes a quienes entrevistamos creen que no.

> *Trato de no vestir a mis hijos como pandilleros. No quiero que los juzguen por su ropa. La forma en que vistes a tus hijos indica cómo quieres que crezcan.*
>
> *En nuestra sociedad, la ropa es importante. Yo me he fijado que a mucha gente, sólo porque se viste con ropa abombada, la miran como a pandilleros.*
>
> *A medida que maduras, el sentido común te dice que la pandilla no te lleva a ninguna parte. Esos muchachos no van a poner ni comida en tu mesa ni un techo sobre tu cabeza.*
>
> Glen, 25 – Sergy, 3; Leonardo, 4 (Danica, 22)

Si decides salirte

Las pandillas, "gangas" o maras varían mucho, así que es difícil generalizar. Muchos jóvenes deciden que la paternidad es una razón para salirse. Cuando un pandillero decide salirse, probablemente es sensato que le asegure a los otros pandilleros que él no los rechaza. Es que ya no puede manejar la acción o arriesgarse como antes. Usualmente no es necesario rechazarlos como personas, parientes, o amigos.

> *Fue bien difícil salirme. Ninguna pandilla te deja ir sólo porque tú quieres. Pero yo les estaba causando problemas, y cuando mi chica quedó embarazada, dijeron que estaba bien porque así fue que se pudieron deshacer de mí.*
>
> Mateo, 17 – Arcadia, 1 mes (Rosalyn, 16)

Pero en ciertas pandillas las cosas son muy difíciles para que te dejen salir. Si te encuentras en esa situación y quieres cambiar tu estilo de vida, ¿has pensado en mudarte de tu barrio? Para algunos, ésa parece ser la mejor solución. Es probable que sea también una decisión sumamente difícil.

Aunque quieras mudarte, ¿a dónde puedes ir?

¿Algún pariente o buen amigo de la familia te puede hospedar? ¿Un hermano o una hermana mayor piensa mudarse y te puede llevar consigo? ¿Qué tal juntarte con un compañero de casa u otra pareja para mudarse del barrio junto contigo? Aunque la distancia sea de unas cuantas millas, eso puede servir.

Si no tienes recursos y ni tus padres, tus parientes, tu pareja, o tus amigos ni pueden o ni te quieren ayudar, tienes que buscar ayuda en otra parte. Según el jefe de policía Richard Telfank, de Buena Park, California, "Salirse requiere obtener cierta ayuda. Si te quieres mudar de tu barrio con todas las ganas, creo que puedes hacerlo.

"Eso puede significar hacer contacto con iglesias locales. Allí por lo menos puedes encontrar cierto apoyo, y si necesitas hablar con alguien, es un buen lugar adonde acudir.

"Después, yo iría a Child Protective Services. Vas allá y les dices: 'quiero salirme de mi entorno con mi niño. ¿Me pueden ustedes ayudar? No te presentas ante ellos como cliente de Protective Services. Vas en busca de ayuda y a lo mejor conectas con una trabajadora social sustentadora que puede pensar 'voy a ayudar a esta persona porque si no, pueden convertirse en clientes míos'. Si no tienes recursos económicos ni apoyo familiar, va a ser difícil".

También podrías buscar ayuda comunicándote con algunos de los otros recursos que se enumeran en el capítulo 16.

La ayuda sí existe, pero puede ser que tengas que luchar mucho para encontrar la ayuda que necesitas para poder obtener la vida que quieres tener para ti y tu niño. *¡Tú y tu niño valen la pena!*

Las armas de fuego y los niños aparte

Las armas de fuego son una de las principales causas de muerte de niños. Aunque muchas personas tienen armas de fuego en su casa, muy raramente enseñan a los niños a manejarlas con seguridad. A menudo ni siquiera las guardan con llave en un lugar seguro.

Cuando la gente joven manipula armas de fuego, puede ser peligroso no sólo para sus enemigos sino también para familiares y amigos. También pueden traer más violencia a su casa y su familia, lo que aumenta la posibilidad de que alguien resulte muerto.

Si tienes un arma de fuego en tu casa, ten cuidado de guardarla con llave, lejos del alcance de tu niño. No la pongas en un gabinete con vidrio o cristal, donde la criatura la pueda ver. El arma no debe estar visible, debe estar descargada y las municiones, balas o pertrechos deben estar guardados en otra parte. Tienes que asegurar que ni tu niño ni otro va a resultar muerto con bala en tu casa. Un número alarmante de armas de fuego en las casas se usan contra miembros de la familia.

¿Se comprometerá tu hijo con una pandilla?

Si Avery se asociara con una pandilla, yo me indignaría. Ojalá que pueda criar a mi hijo de modo que no necesite meterse en una pandilla. Quiero que sea lo suficientemente fuerte para que se sienta confortable sin esta protección.

Me parece que mi manejo de ira le va a servir a él para que no se enfurezca – los niños imitan lo que haces tú.

Todd, 18 – Avery, 6 meses (Celia, 19)

Ni un solo padre ni una sola madre que entrevistó la autora dijo que él o ella quería que su hijo o su hija se metiera en una pandilla, "ganga" o mara.

Todos hablaron sobre estrategias que pueden evitar que su hijo/hija siga este camino. Hicieron énfasis en la importancia de involucrarse con su hijo/hija, de "estar presente" para él/ella.

Hablaron de sus padres de ellos que estaban muy ocupados o eran demasiado pobres para mantenerlos en la escuela o en actividades de la comunidad y de lo distinta que hubiera sido su vida si, por ejemplo, hubieran participado en deportes:

Queremos que Dakota participe en deportes. Soy de la opinión que el entrenador les enseña el camino correcto, les enseña disciplina, a ser puntuales, a trabajar duro. Yo noté la diferencia cuando yo participaba en deportes y cuando no lo hacía.

Cuando hacía deportes, conocía a mucha gente y la escuela era más interesante. Tienes que mantener tus calificaciones, y cuando mantenía mis calificaciones, aprendía más.

Cuando no hacía deportes, me quedaba en casa y miraba la TV. El camino parecía no llevar a ninguna parte. Estaba allí nomás.

Nathan, 20 – Dakota, 11 meses (Zamdra, 18)

La relación que estableces con tu hijo es el factor más importante para protegerlo de las pandillas, "gangas" o maras y la violencia.

Enseñar a tu hijo a no ser violento

Pelear trae otros problemas – te haces de otro enemigo. Si dialogas sobre algo, a fin de cuentas es mejor para ti. Tal vez el enemigo no va a convertirse en amigo tuyo, pero te respetará.

La vida en pandilla y la paternidad no son buena combinación. No puedes ser un buen padre si tu pandilla se presenta y quiere que salgas a festear con tus amigotes, y tu niño tiene que comer. Esas cosas no van juntas.

Todd

Tú no puedes inmunizar a tu niña para que no sea víctima de un tiroteo al paso, pero le puedes ayudar a que aprenda las maneras de evitar la violencia. Ayudarla a que aprenda técnicas de antiviolencia para zanjar desacuerdos es un don que le puedes dar para que le dure toda la vida.

Empieza con la relación que tú formas con tu niño. El apego que ocurre entre un padre y su recién nacido, una madre y su recién nacido, es el punto de partida de todo. El resultado es que tal apego es una añadidura sana entre tú y tu niño/niña. Este apego es sumamente importante para su desarrollo. Las destrezas del lenguage son básicas. Si mantienes una relación fuerte, debe ser bastante fácil conversar, y eso proporciona cierta protección a tu niño. Le ayuda a aprender a usar palabras en vez de violencia.

Una niña aprende a ser violenta cuando su padre y su madre son violentos. Cuando papá y mamá pelean, gritan y se aporrean mutuamente, o la aporrean a ella si se porta mal, verá las peleas y los golpes como las maneras de resolver problemas. Sin duda, golpear a la gente estará bien. Las personas que significan más para ella golpean.

Si diariamente eres modelo de no usar violencia, en tus acciones con tu niño y con los demás, probablemente va a seguir tu ejemplo.

Manejo de la furia, ira o cólera

Aunque hayas crecido con violencia a tu alrededor, puedes aprender técnicas mejores para manejar problemas. Es importante aprender esas técnicas, no sólo para y por ti, sino aún más para y por tu hijo o hija. Puedes enseñarle maneras de entenderse con furia, ira o cólera sin violencia.

Tiempos atrás mucha gente consideraba que sus hijos debían pelear. Un chico que se negaba a pelear recibía el mote de afeminado, amanerado o cobarde. Aún hay quienes piensan de igual manera. Este punto de vista se basaba en la suposición de que los chicos no iban a resultar seriamente lesionados en una pelea a puños. Las armas de fuego no se encontraban por dondequiera. Pero hoy día, la proliferación de pistolas y revólveres cambia la situación drásticamente.

Le enseñaré a mi hijo que si se puede alejar de un problema, que se aleje. Pero si el problema te sigue, tal vez tienes que enfrentarlo. Pero tienes que reflexionar. ¿Qué va a pasar si le doy una paliza a este tipo y él saca una pistola?

Riley

Poder alejarse es importante y a veces es realmente difícil hacerlo. Te sientes emocionalmente herido, te enfureces. Ciertas personas tienen demasiado miedo para sencillamente dar la espalda.

Contar hasta diez antes de reaccionar sirve para calmar a ciertas personas. A veces decir un chiste corta la tensión. Alejarse, dar la espalda a un argumento puede ser lo mejor. Así, la ira, la cólera. se puede evaporar. Usualmente, las expresiones coléricas sólo crean más problemas.

Tu niño observa tu respuesta o reacción a cada disputa. De esa observación obtiene ideas de cómo debe él responder. Probablemente copia las estrategias que, a su parecer, dan resultado. Cuando evitas conflicto, le ayudas a tu niño. Con tu ejemplo, aprende maneras más seguras de manejar situaciones que pueden resultar peligrosas.

Lo que yo aprendí en la calle, puedes presentar la otra mejilla o puedes dar la cara y pelear, pero dar la cara puede que no sea lo que tienes que hacer. Yo quiero que entienda que hay consecuencias por toda acción que toma. Ojalá que pueda resolver (el conflicto) verbalmente.

Domingo

Insta a tu niño a que te diga las cosas. Escúchalo atentamente cuando trata de expresar sus pensamientos y sentimientos. Esto le ayudará a tener confianza en su habilidad para usar palabras. Con tu ayuda, seguirá desarrollando y mejorando su lenguaje. Será más capaz de hablar con otras personas y resolver problemas verbalmente. Le estás ayudando a tu niño a aprender a usar palabras en vez de puños o armas de fuego.

Esta habilidad podrá salvarle la vida a tu hijo.

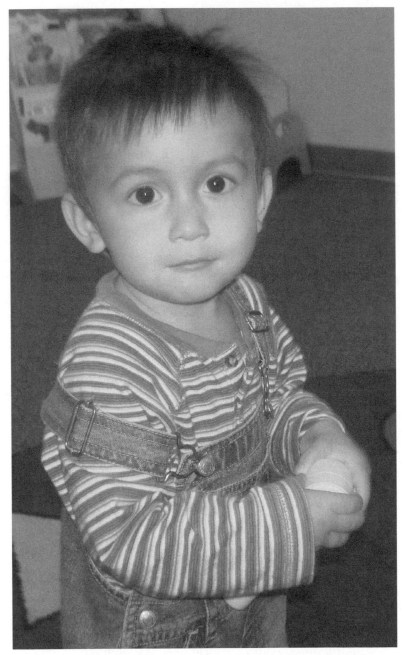

Es importante que te comuniques con él cuando estás lejos

13

Mantener el contacto cuando estás lejos

- Si tienes que estar lejos
- Mantener el contacto por medio de cartas
- Más allá de escribir cartas
- Si tu hijo/hija no ha nacido todavía
- ¿Te pueden visitar?
- Más sugerencias para padres encarcelados
- El regreso a casa puede ser difícil
- Tu hijo/hija te necesita

Yo estuve presente para ella los primeros seis meses. Pero entonces me metí en líos con la ley y me encerraron por seis meses, en realidad, cinco meses por buen comportamiento.

Yo me sentí realmente decepcionado de mí mismo. Se siente uno pésimo estando adentro e imaginándome cómo le va a ella mientras tú te encuentras perdiendo el tiempo sin hacer nada cuando podrías estar aquí afuera trabajando y manteniéndola. Mucho estrés porque sabes que tienes que ir a la corte para ver qué van a hacer contigo.

No la vi a ella ni a mi hija,

*sólo una vez vi a Natalia. No pude ver el nacimiento de
mi hija. No pude presenciar el alumbramiento.*

Geraldo, 17 – La'Keshia, 2 meses (Natalia, 15)

Si tienes que estar lejos

Ciertas parejas que están "juntas" están separadas por
meses o hasta años. Él o ella puede estar en la cárcel. O en
las fuerzas armadas. O puede ser que haya otras razones para
la separación. Si eres padre ausente, sabes que se necesita
mucho esfuerzo y determinación para permanecer unido a tu
pareja y a tu niño/niña.

 ¿Qué sabes del desarrollo infantil? ¿Dónde se encuentra tu
hijo en este momento? ¿Qué hace tu niño ahora mismo? ¿Qué
sucede con él?

 Si tienes que estar lejos, trata de mantener la concentración
en ese desarrollo y en las características de tu hija. Posiblemente puedas mantener una relación con ella.

 ¿Le gusta o no le gusta el brócoli? ¿Le gusta bañarse?
Ésas son cosas de las cuales puedes hablar y escribir con tu
hija y a tu hija.

 Si existe una clase para crianza, tomarla te puede ayudar a entender mejor las etapas por las cuales va pasando tu
hijo/hija. Tendrás una idea del comportamiento que se puede
esperar a tu regreso a casa.

 *Haz todo lo posible por llevar cuenta de lo que está
pasando. Aunque estés lejos, mantente en contacto con
tu hijo de la mejor manera que te sea posible. Infórmate
de cómo le va en su desarrollo, sus cambios de actitud.*

 *¿Cómo actúa junto a esta persona, luego junto a
alguna otra? Entérate de todo lo que puedas. Aunque
estés lejos, tú puedes estar al tanto de su crecimiento, su
progreso, las cosas divertidas que hace.*

 *Sobre todo, yo llamo por teléfono y le escribo dos
cartas por semana. Melinda me dice mucho sobre Kory
y me manda fotos.*

Marc, 16 – Kory, 14 meses (Melinda, 18)

Sugiérele a su mamá que te mande fotos de tu hijo y que te describa sus actividades. Mientras más consciencia tienes del desarrollo y de las actividades del niño, mayores las posibilidades de renovar tu relación con él cuando estén bien otra vez.

Yo le mandaba cartas y ella me decía qué hacía, que el bebé estaba creciendo. A veces yo lloraba porque iba a llegar el día en que le iban a permitir la visita. La pude ver el 6 de enero y el bebé nació un día más tarde.

Ella me mandaba fotos de su barriga cada vez más grande. Me mandó un ultrasonido. Cuando vi el ultrasonido, era como un 3-D y podías verle la cara clarita. La puse en la pared y la miraba todos los días y lo que digo es que me voy a portar bien hoy para poder verte mañana.

Tenía como un mes cuando salí libre. Vivimos juntos, con mi mamá y mi papá. Me aparto de los líos porque tengo que ir a casa a ver a mi hijo y a mi novia y ayudarles. Ahora no se trata sólo de mí, se trata de mi hijo.

Geraldo

A propósito, no tengas la menor duda de que tu criatura, niño o niña, te necesita. Tu hija necesita a un padre tanto como un hijo.

Mantener el contacto por medio de cartas

Barry McIntosh es educador de padres en el New Mexico Young Fathers Project, Santa Fe, Nuevo México. Todas las semanas dirige un grupo nocturno de apoyo para padres jóvenes presos.

Indica él que una gran interrogante es cómo mantenerse en contacto con el niño y la madre cuando papi está lejos. Hace énfasis en la importancia de escribirle al niño e igualmente a la madre.

"Dicen 'pero mi hijo todavía no sabe leer'," comenta McIntosh, "pero yo les recuerdo que a los diez años, su chico sí puede leer esa carta. Les pregunto si creen que ésa es una carta que ellos guardarían si su papá la hubiera escrito, tal vez desde antes de nacer. Y todos dicen '¡sí!'".

A los párvulos les encanta recibir cartas. Si no estás con él, escríbele a menudo. Escribe cartas cortas. Dile "papi te quiere mucho y te quiere tener en los brazos".

Indentifícate como "papi" por lo menos tres veces en cada carta para que escuche esa palabra especial. Escríbele con frecuencia.

> *Yo le escribo a mi hijo, una carta de una página, cuánto pienso en él, cuánto lo quiero. Me dijeron que le debía escribir para demostrarle que él es importante para mí y que pienso mucho en él. Por eso le escribo cada dos semanas.*
>
> Todd, 18 – Avery, 6 meses (Celia, 19)

Recuerda que quienquiera que cuide a tu hijo y le lea tus cartas generalmente menciona tu nombre o tu apodo. Tú puedes ayudar a que el niño te conozca como a "papi" por medio de estas "cartas de papi".

Envíale tu foto, ponle fecha y fírmala: "Con todo mi amor para (nombre del niño), Papi". Esa foto la pueden poner en la refrigeradora, donde la pueda ver con frecuencia.

Más allá de escribir cartas

Si eres creativo, ilustra tus cartas. O crea una canción de "rap" para tu hijo.

Si te es posible, llámalo por teléfono. Aunque no hable todavía, oye tu voz y la asocia con la palabra "papi" y tu foto.

Cuando estés lejos de tu hijo, por la razón que sea, grabar tu voz, tal vez para hablarle y para leerle un cuento, es una buena manera de que se acuerde de ti y lo mucho que lo quieres.

> *Por supuesto que me decepcioné al tener que dejar- los. Probablemente no voy a participar en la vida de mi hijo por unos dos años. Aquí estoy en el proyecto de*

*padres jóvenes [Juvenile Detention Center].
Me graban una vez por semana cuando le leo un
libro a mi hijo. No me visitan porque se mudaron al otro
lado del país hace tres meses, pero Avery oye mi voz
todas las semanas en esas grabaciones. Celia dice que
ella le toca la grabación todas las noches antes de que
se duerma.*

Todd

Si estás en la cárcel, ya tienes que saber lo importante que es no meterse en problemas en el centro de detención para que puedas recibir llamadas y visitas.

Si tu hijo/hija no ha nacido todavía

*Yo tenía 16 años cuando mi novia quedó embarazada. En el momento [en que lo supe], yo estaba preso.
Me había metido en muchos líos. Me enteré cuando ya
tenía dos o tres meses de embarazo.*

*No podíamos hablar porque en el sistema juvenil ella
no me podía visitar. Estuve en la cárcel ocho meses y en
ese lapso hablamos cinco veces. Mi mamá mantenía el
contacto y me informaba cómo le iba a Chanda.*

Kobe, 18 – Maricio, 14 meses (Chanda, 16)

Si tu pareja está embarazada, puede ser que se queje de que tú no participas en el embarazo. Escribirle a ella – y al bebé nonato— para decirle lo entusiasmado que estás por este hijo que viene o que estás un poquito asustado porque vas a ser padre, puede ser útil.

*No he visto a Sophia desde que se enteró que
estaba embarazada, aunque ella lo sospechaba. Ella me
escribe, me dice que la barriga le está creciendo y que
el bebé patea bastante. Pero, ¿qué puedo hacer yo?*

Alvaro, 17 (Sophia, 6 meses de embarazo)

A lo mejor ella misma te envía fotos de ella a medida que el bebé se desarrolla. Dile que te gustaría mucho una copia del ultrasonido que muestra a tu bebé.

Dile también que te cuente sobre las visitas al proveedor de atención médica. ¿Cómo se siente? El interés que tú le muestres la puede hacer sentir mejor.

¿Te pueden visitar?

Creo que voy salir de aquí bastante pronto. Mi oficial de libertad condicional quiere que salga. Sabe que tengo dos hijos, que trabajaba y asistía a la escuela alternativa. Aquí estoy en el grupo de padres.

A los chicos, yo les gritaba y maldecía, pero aquí he aprendido mucho en el grupo de crianza.

Apenas entramos a la clase de crianza nos permiten ver a nuestros hijos los domingos, de 9 a 10. Hay juguetes y podemos interactuar con nuestros pequeños.

La primera vez que Kolleen vino a verme, ella se echó a llorar y entonces yo también lloré. Ella se asustó y no quería acercarse a mí. Pero cuando yo dejé de llorar se me acercaba.

Leanne y yo mantenemos nuestra relación por medio de cartas, el teléfono, mi mamá. Seguimos juntos. La verdad es que es difícil y complicado, distinto a cuando vivíamos juntos.

Santos, 17 – Kolleen, 17 meses; Jameka, 5 meses (Leanne, 16)

Un padre encarcelado podría preguntarse cómo reaccionará a las visitas de la madre de su hijo. McIntosh sugiere: "Lo primero, entiéndela. Ella tiene derecho a enojarse. Tú la abandonaste y la dejaste para criar este hijo sola. Tienes que entender y tienes que escuchar activamente.

Una vez que siente que la entiendes, es probable que se queje y regañe menos. Igualmente, tienes que entender que ahora ella es la madre soltera y ella es la que manda.

"Dile '¿Puedo cargar al bebé?' en vez de decirle 'Dame a mi bebé'. Cuando el niño se acerca, haz lo posible por que haya liga y apego.

Si es recién nacido, tómalo en brazos y mírale en los ojos. También debes poner atención a las señas del bebé – si insiste en quedarse con mami, está bien.

Ciertos individuos no quieren que su hijo los vea encarcelados, tal vez por experiencia que tuvieron con su propio padre.

Hablamos de cómo se va a sentir el niño – ¿sabe él realmente dónde te encuentras tú? Puede ser difícil para ti, pero ¿cuáles son las necesidades de tu hijo? Muchos de estos individuos se ponen a la altura muy bien en relación con la paternidad", explica McIntosh.

Más sugerencias para padres encarcelados

Mara Duncan es una maestra que trabaja con encarcelados en la West Detention Facility, Richmond, California. Informa ella que ciertos padres consideran que no tienen el derecho de comunicarse con su hijo. Se avergüenzan y se preguntan si no sería mejor no dejarle saber al niño dónde se encuentran. Duncan les sugiere que consideren el asunto desde la perspectiva del niño. Usualmente es mejor ser franco con el niño y no abandonarlo.

"Los padres que están separados de sus hijos tienen que encontrar aliados", dice Duncan. "Yo sugiero: 'Habla con la abuela, la tía y demuéstrales que quieres ser parte de la vida de tu niño'.

La primera vez, el padre a lo mejor acuna a su hijo y lo besa una vez. La siguiente vez lo acunará y lo besará dos veces. La próxima vez, a lo mejor lo tiene en brazos 15 minutos.

Cuando la madre y otros parientes ven que es sincero, tal vez cambien de opinión".

Si un padre está preso y no puede cumplir con los pagos de mantención del menor, debe obtener una carta escrita por el juez para ver si los pagos se pueden suspender hasta que él salga libre. Podría serle supremamente difícil hacer los pagos atrasados cuando salga de la cárcel.

El regreso a casa puede ser difícil

Cuando estábamos juntos, yo estaba por ahí todo el tiempo. Todavía salía con mis amigos, pero si Shawnté me necesitaba, no salía. Estaba mucho con el bebé.

Entonces empecé a meterme en más líos en la calle. Siempre me metían preso y finalmente me mandaron lejos. Shawnté me enviaba fotos, luego inesperadamente regresé a casa y todo fue muy diferente.

Fui a ver al bebé y ella y yo nos miramos mutuamente. No sé qué pasó. Salí libre y todo cambió. Hubo muchas peleas entre nosotros. Dejamos de dirigirnos la palabra y ella no quería que yo estuviera cerca del bebé.

Quise dialogar con ella, pero cada vez que le hablo, ella pone mala cara. Entonces yo me encolerizo y digo que esto se acabó. Entonces pienso en mi bebé y le vuelvo a hablar a ella, pero ella no me quiere ver.

A mí me parece que debo ayudar a atender al bebé aunque ella y yo estemos separados. Es responsabilidad de ambos.

Aunque Shawnté no quiera estar conmigo, es aún mi responsabilidad. No tenemos que hablar. Yo hice a ese niño. Es parte de mí.

Jamal, 16 – Valizette, 16 meses (Shawnté, 17)

Si Shawnté no lo deja ver a su bebé, Jamal tiene que consultar con un abogado para enterarse de sus derechos, tal como se explica en el capítulo 16. En casi todos los estados, a no ser que la corte ordene otra cosa, el padre tiene el derecho de ver a su hijo.

Por supuesto que es mejor estar con tu hijo sencillamente porque tú y la madre del niño están de acuerdo en que esto es lo mejor para tu hijo.

Jamal podría tener una relación satisfactoria con Valizette si limara las asperezas con Shawnté. No tienen que tener una relación íntima aunque los dos vayan a criar al hijo de ambos.

Pero sí tienen que estar dispuestos a hablarse y ser corteses mutuamente por el bien del hijo que tienen en común.

Tu hijo/hija te necesita

Ojalá que me llegue hoy una carta de Teresa. Creo que nuestra relación sigue siendo estrecha. Cada vez que me toca hacer una llamada, una vez por semana, es a ella a quien llamo. Le escribo casi todos los días. Si ella no me escribe, yo le escribo de todos modos.

Casey, 15 (Teresa, 6 meses de embarazo)

Si estás lejos por cierto tiempo, debes saber que tu hijo te necesita. Mantén el contacto con él y, de ser posible, con la madre de él, que esto puede servirles a todos para acomodarse mejor cuando regreses a casa.

Usualmente, tu vida y la de tu hijo van a ser mejores porque mantienen una relación mutua.

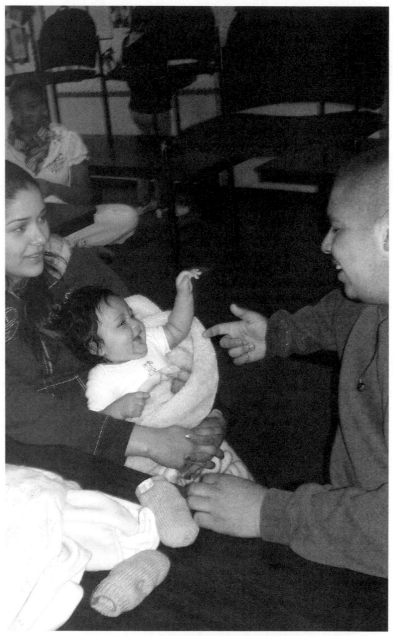

Mantener una buena relación con tu pareja es importante
para tu hijo/hija

14

La relación de pareja – otro reto

* ¿Es el matrimonio
  la solución?
* La decisión de
  contraer matrimonio
* ¿Es importante
  el dinero?
* El estrés
  de residir juntos
* Tres generaciones
  bajo el mismo techo
* Las personas
  no son para aporrear
* Cuando padre
  y madre se separan

Recuerdo muy bien que esos primeros meses fueron realmente difíciles. Muchas veces mis padres tenían que darnos dinero hasta para comprar comida. Apenas estábamos sobreviviendo. Mi hermana ahora vive con nosotros para ayudarnos con los gastos.

Mi novia y mi hermana no siempre se han llevado bien. Alguien no lavó sus propios platos, era un lío, siempre algo.
Javier, 28 – Salim, 9; Khalid, 6
(Shenca, 26)

Lynette cree que yo ya no le hago caso a ella, que sólo le pongo atención a la bebé, pero la verdad es que eso no

es cierto. Lo que hago es que ahora tú te acercas a la
pequeña porque es algo nuevo. Ella me mira con su
carita llena de vida y me dan ganas de jugar con ella.
Lynette cree que yo la estoy arrinconando a ella.

Jacob, 19 – Sophie, 7 meses (Lynette, 18)

La crianza es una cosa difícil. Le hace sudar el quilo
al padre y a la madre. Las madres tienen que entender
que es bien difícil para los padres, y los padres tienen
que entender que las madres necesitan un respiro.

Por lo menos una vez al mes tienen que salir con sus
amistades [sin su pareja]. También tienes que hacer
tiempo durante el mes para que tú y ella hagan algo
juntos. Necesitas tiempo para nutrir y construir una
relación.

Greg, 17 – Liana, 1 año (Nicole, 17)

En cierto modo, nuestra relación ha mejorado, pero
en otro, es más estresante.

No estando casados, Jennifer a veces duda de si yo
quiero estar atado a ella y Katie. Pero otras veces es
mejor porque tenemos una bebé.

Ryan, 17 – Katie, 7 semanas (Jennifer, 18)

La relación entre un padre adolescente y la madre de su
hijo/hija puede variar desde el matrimonio hasta la separación
total. Cómo crías a tu hijo depende en parte de la relación que
tienes con la madre. Puedes ser un "buen" padre ya sea que tú
y la madre sean o no sean amigos.

Menos de una de cada cinco madres adolescentes está
casada cuando nace su hijo. Para los 3 años del niño, un gran
porcentaje de esos matrimonios ha terminado. Para entonces,
muchas madres y padres adolescentes están con parejas diferentes.

Tomar buenas decisiones relativas a parejas es tal vez uno
de los asuntos más difíciles que enfrentan los padres y las
madres adolescentes. Probablemente hay más sufrimiento por
una relación rota si existe un niño de por medio.

¿Es el matrimonio la solución?

¿Matrimonio? No creo que nos casemos en un futuro cercano, aunque realmente quiero hacerlo porque quiero a Alexis. Quiero que mi hija crezca con los dos, y con eso no quiero decir que esté conmigo de visita una que otra vez.

Lo que pasa es que no nos sentimos listos para el matrimonio sino hasta que tengamos unos años más.

Isaac, 18 – Brooke, 9 meses (Alexis, 18)

¿Estás pensando en matrimonio? O tal vez ya estás casado.

Treinta años atrás, el matrimonio a menudo era la "solución" a un embarazo demasiado temprano. El padre de una adolescente embarazada podía exigir que su hija y el novio se casaran.

Ciertas parejas gozaban de muchos años felices. Para muchas otras parejas, esto no daba resultado. Los adolescentes cambian rápidamente a medida que maduran.

Un muchacho y una muchacha que se casan a los 16 años podrían no compartir los mismos intereses a los 20. Puede que sean dos personas muy diferentes. Una pareja que se casa a los 16 años tiene más probabilidad de separarse que la pareja que se casa después de los 22.

Si algo anda mal en la relación ahora, el matrimonio no lo va a solucionar.

La decisión de contraer matrimonio

Si tú y tu pareja están pensando en casarse, sería recomendable que discutieran cosas como:

- ¿Tienen dónde vivir? Para muchas parejas, es más difícil desarrollar una buena relación cuando residen con otras personas.
- ¿Quieren ambos pasar el resto de la vida juntos?
- ¿Trabajas y ganas lo suficiente para mantener a tu familia? ¿O van a trabajar tanto tú como tu pareja y a compartir la atención del niño?

- ¿Están de acuerdo sobre asuntos tan importantes como los de la lista siguiente?
  - ¿Cuándo tendrán el próximo hijo?
  - ¿Seguirás tú o seguirá ella o seguirán ambos en la escuela?
  - ¿Quién se espera que sea quien trabaja? ¿el esposo? ¿la esposa? ¿ambos?
  - ¿Quién tendrá la principal responsabilidad de atender al niño/a la niña?

A ti se te pueden ocurrir muchas otras cosas que tienen que discutir completamente antes de decidir si pasar juntos el resto de la vida.

¿Es importante el dinero?

El dinero, por supuesto, no puede comprar la felicidad, pero la falta del mismo puede causar problemas. Javier cree que un aumento de sueldo en el trabajo probablemente rescató su relación con Shenca:

Un día, cuando el bebé tenía seis meses, Shenca estaba llorando. Le pregunté qué le pasaba y me dijo que esto no era lo que ella esperaba. "Esto no es exactamente lo que yo quería, o como quiero vivir," me dijo. Yo le dije que esto es todo lo que puedo hacer por ti. Le dije que esto es todo lo que teníamos por ahora, pero que trataríamos de mejorar.

Ella me dijo: "No eres tú. Lo que pasa es que no me imaginé que iba a ser así. El bebé nunca deja de llorar".

Conversamos un rato, 3-4 horas, y después de eso no me volvió a decir que no quería esto. Fue tal vez porque, con el paso de los meses, empecé a ascender en el trabajo, me aumentaron el sueldo y me ascendieron. Me parece que si hubiera ganado menos, no creo que lo hubiéramos logrado. Cuando no teníamos dinero para salir, no podíamos relajarnos. Aunque fuera sólo

*ir a McDonald's, servía, pero esos primeros seis meses
no podíamos porque no teníamos el dinero. Comíamos
sándwiches y comida de lata porque Shenca no sabía
cocinar ni yo tampoco. Comíamos en casa de mi mamá
con frecuencia y ella cocinaba la comida para nosotros.
Todavía estamos juntos. Unos cuatro años más tarde
nos casamos, después que nació nuestro segundo hijo.
Me parece que funcionó bastante bien para nosotros.*

Javier

Si resides con los padres de ella o los tuyos, ¿puedes
ayudar con los gastos? Tim se mudó a la casa de la familia de
Jocelyn con el acuerdo de que viviría allí hasta que terminara
en la escuela.

*Al principio todo andaba muy bien. Ahora la mamá
de ella me pide dinero. El acuerdo era que yo iba a estar
allí hasta que terminara en la escuela. Pero tuvimos la
bebé y no puedo estar sin mi hija así que la mamá de la
bebé me permitió quedarme.*

*Estoy buscando mi propio apartamento, ya sea con
mi novia o sin ella. Eso es grande. Pero mantengo la
calma y hago cara a la situación. Comenzando ahora
tengo que pagar $100 por semana. ¿Crees que eso es
justo?*

Tim, 20 – Chamique, 21 meses (Jocclyn, 19)

Tim trabaja y la madre de Jocelyn tiene el derecho de co-
brarle renta si sigue residiendo allí. Si él y Jocelyn mantienen
su relación, tienen que discutir sus altenativas. A lo mejor
deciden mudarse juntos.

El estrés de residir juntos

*Erica pensó en abortar, pero al fin decidió llevar
a término el embarazo. Una o dos semanas después
decidimos casarnos. Ella se mudó aquí conmigo y mis
padres hasta que nació Kevin. Vivir juntos es bien difícil.
Éramos tan jóvenes que realmente no nos conocíamos*

Le gusta estar con papi y mami.

tan a fondo como pensábamos – fue casi como nuestra
primera relación.
    *También es difícil vivir con tus padres. Mi consejo
tiene que ser: "No te cases enseguida. No tienes que
casarte".*
    *Vivimos aquí todo el tiempo. Fuimos a clases de
Lamaze. El embarazo fue difícil. Yo por fin conseguí
empleo y trabajaba todos los días después de las clases
más los fines de semana y los días feriados.*
    *Siempre estaba muy cansado. Erica creía que cuan-
do nos casáramos íbamos a pasar más tiempo juntos.
Por mi trabajo, la verdad es que teníamos menos tiempo. Ella decía, por su poca edad, "no vayas a trabajar
hoy", pero yo tenía que ir.*
    *Cuando yo regresaba del trabajo, ella quería jugar.
Yo le decía: "estoy bien cansado ahora mismo" y creía
que la estaba rechazando.*
Zach, 19 – Kevin, 20 meses (Erica, 16)

Si residen juntos, tu relación tendrá altibajos, igual que una pareja de más edad. Puede ser que tengan aun más estrés por la falta de dinero y porque dependen de las familias. Uno de ustedes, o ambos, puede(n) estar todavía en la escuela. El malabarismo de la escuela, la crianza y, posiblemente, un empleo, puede ser cosa de locura. Tener una buena relación en medio de todo ese estrés es difícil.

Las buenas relaciones toman tiempo y esfuerzo además de amor, completamente lo mismo que la crianza. Encontrar el tiempo tanto para tu pareja como para tu hijo/hija puede parecer casi imposible.

Los viernes por la noche vamos al cine. Considero que es muy importante que una pareja pase ratos en mutua compañía. Necesitas momentos aparte, lo que mantiene viva la relación. Tener un hijo es tanta responsabilidad que a veces es algo abrumador.

Dennis, 17 – Alexis, 6 meses (Tara, 20)

Hacer tiempo para estar con la pareja puede ser muy difícil, pero es importante para tu relación. Hay quienes dicen que una buena relación es de 50-50 – cada pareja tiene derechos y responsabilidades iguales. Un buen porcentaje es probablemente 60-60-- cada pareja da de sí más de la mitad para complacer al o a la otra.

Al mismo tiempo, tú tienes que proteger tu autoestima y ella la suya. Esto lo haces aun cuando haces más que tu parte para mantener una relación de amor y cariño.

La franqueza y la confianza del uno con la otra y viceversa es esencial.

Tres generaciones bajo el mismo techo

Si tú y tu pareja residen con tus padres o los de ella, puede haber más estrés en la relación de pareja de ustedes.

Los padres de ella son bien diferentes de los míos. La mamá siempre tenía que meter su cuchara.

*Prácticamente nos decía cómo debíamos criar a
Deziree. Era difícil.*

*Tratamos de sobrellevar. Pasábamos fuera de la casa
lo más posible. Llevábamos a Deziree al parque o a
casa de algunos amigos.*

*Por lo general nos tragábamos la cosa. Nos ponía-
mos a pensar que ellos nos estaban dando este lugar
para vivir y tenemos que aguantarlo hasta que podamos
tener nuestra propia casa. Hemos vivido aquí un año.*

*Ahora por fin tenemos suficiente dinero para mudar-
nos a nuestro propio apartamento.*

Parnell, 18 – Deziree, 18 meses (April, 20)

Ser hijo de alguien y seguir las reglas de la casa puede
ser frustrante cuando al mismo tiempo eres papá de alguien
y tienes responsabilidades de adulto. Sentirás menos estrés
si aceptas tu situación presente y la haces funcionar lo mejor
posible – mientras te esfuerzas por hacerte autosuficiente y
capaz de mantener a tu familia.

*Cuando me mudé allí todo andaba muy bien. Lo
único que no me gustaba es que yo estaba acostumbrado a otras comidas. Y yo siempre estaba afuera jugando
con mis amigos, y ahora que me mudé aquí no conozco
a nadie. A veces me frustro o me aburro.*

*Mi relación con los padres de Lynette es bastante
buena. Vivimos en el sótano renovado y yo realmente no
subo sino para comer.*

Jacob

Las personas no son para aporrear

*Con Celia era bien difícil. Peleábamos y yo le di gol-
pes unas cuantas veces. Ella me confrontó un día y me
dijo: "Tú no puedes hacer eso. O yo te dejo o tú buscas
ayuda".*

*Por eso fuimos a consejería. Yo no sé por qué hice
eso, excepto que eso era lo que yo veía. Cuando le di*

esos golpes me sentí mal por dentro, menos que un hombre. Sentía por todo el cuerpo algo como que no podía creer que había hecho eso. Celia me ayudó y ya no lo hago más.

Todd, 19 – Avery, 6 meses (Celia, 19)

Ciertos adolescentes (y adultos) recurren a aporrear a su pareja cuando están frustrados. A veces la mujer apalea al hombre, pero es la mujer quien probablemente resulte lastimada. Y nadie gana una disputa por medio de la fuerza o resistencia física.

Si recurres a la violencia, ella no va a estar de acuerdo contigo porque tienes razón sino porque eres físicamente más fuerte. Golpear a alguien no resuelve los problemas y no sirve para la relación. Empeora las cosas.

Un hombre que aporrea a una mujer, realmente no es hombre. Existen maneras de manejar una situación sin contacto físico. Eso es malo. Yo nunca le pego a mi amiga. Sí tenemos disputas, pero cuando me encolerizo, me marcho. La violencia no se necesita.

Jamal, 16 – Valizette, 16 meses (Shawnté, 17)

Aprendan a batallar sin golpearse mutuamente. Para resolver disputas existen otras maneras mejores que las palizas:

Cuando me frustro, me marcho. Voy a correr, hago algo así. De ese modo no me saco el clavo con mi novia ni con mi hijo.

Tony, 16 – Felipe, 16 meses (Alicia, 17)

Ha habido golpes – por eso me encerraron. Sucedió hace tres años y empezamos con un poquito de celos. Nos poníamos a pelear y ella me arañaba en la cara y yo la empujé. A fin de cuentas fui a dar a la cárcel por eso. Me entregué por esa citación.

Después de ese día, ella y yo nunca hemos peleado otra vez. El día que salí libre, me fui a verla y le dije:

"¿vamos a dar una vuelta?"
Hablamos y le dije que sentía mucho lo que había
hecho y que no lo volveré a hacer. Ella me dijo que me
quería y que no deseaba que le pasara nada a nuestra
relación.
Nos deshicimos de los celos. Nos imaginamos que
si los celos se mantienen, terminaremos odiándonos
mutuamente.

Danny, 18 – Ashley, 15 meses; Aaron, 3 semanas (Desiree, 16)

Si conoces a alguien que es víctima de maltrato, puedes
sugerirle el libro *Breaking Free from Partner Abuse,* por Mary
Maracek (1999: Morning Glory Press). Este libro ofrece ayuda
para mujeres en relaciones de maltrato. El tema implícito es:
"tú no te mereces esto".

Cuando padre y madre se separan

La relación con tu pareja puede ser más complicada
porque eres padre. Si la relación no es buena, a lo mejor,
por tu hijo, no te sientes libre para marcharte. Pero aunque
se separen, aún puedes continuar con la crianza de tu hijo.

Nuestra relación no va a funcionar. Tiene muchas
cosas indeseables.
Eso me parte el alma, no tener a los chicos. Yo estoy
acostumbrado a acostarlos, a besarlos en la mañana
antes de irme al trabajo. Todavía los puedo ver.
Sé que los chicos van a preguntar por qué dejé a
mami. Ojalá que ella les explique por qué. Yo nunca diré
nada malo de su mamá. Cuando mi mamá y mi papá se
divorciaron, él hablaba mal de ella y ella de él, y yo no
sabía qué pensar. Estaba desorientado. A veces me da
miedo de que mis hijos no me van a conocer del todo
porque no me van a ver todos los días, sólo los fines de
semana.

Luis, 20 – Benito, 8 meses; Karina, 3 (Myndee, 21)

Cuando la madre y el padre se separan, probablemente la madre va a tener la responsabilidad diaria de la crianza. En ese caso, papá tiene que esforzarse por pasar regularmene el mayor tiempo posible con su hijo. Ciertos padres obtienen custodia cuando la pareja se deshace. Zach y Erica estuvieron casados un año antes de divorciarse. Zach sigue residiendo con sus padres y atiende a su hijo. Erica visita a Kevin con regularidad:

Cuando peleábamos, Erica se marchaba de la casa. Se iba a dar una vuelta o a casa de su mamá. Yo me asustaba y salía a buscarla.

Finalmente, Erica y Kevin se mudaron donde la mamá de ella. Querían que yo pagara una niñera para que ella pudiera ir a la escuela, pero yo no ganaba lo suficiente. Entonces una noche, cuando yo estaba en casa de un amigo, creo que Erica se hastió. Trajo a Kevin y lo dejó aquí.

Al día siguiente le dije que nos quedaríamos con Kevin. Contestó que yo nunca la dejaría verlo y yo le dije que podía verlo cada vez que quisiera. Kevin ha estado aquí desde entonces. Estamos divorciados desde hace varios meses. Mi mamá me ayuda, pero yo tengo la mayor parte de la responsabilidad.

Zach

¿Te gustaría tener la custodia de tu hijo? Si no estás con la mamá del bebé y te preocupas porque ella no se porta de manera responsable, consulta con alguien acerca de la posibilidad de obtener custodia. A lo mejor tu mamá, una tía u otro adulto responsable te puede ayudar a considerar tus opciones.

No existen soluciones fáciles, pero tu preocupación por tu hijo te ayudará a salir bien de estos asuntos reales. Haz todo lo posible por que funcione, dondequiera que estés en tu relación con la madre de tu hijo/hija. Y recuerda – *tu hijo/hija te necesita.*

*Ciertas parejas optan por esperar para el siguiente embarazo y así
poder dar a este niño la atención que necesita.*

15

¿Otro bebé?
¿Cuándo?

¿Otro bebé? No enseguida. Nos cuidamos con anticonceptivos porque no queremos otro bebé tan seguido. Eso sería difícil porque gastaríamos el doble en pañales y todo lo demás. Todo sería más difícil.

También será más fácil para Keegan a los 3 ó 4 años porque entenderá más. No llorará tanto, Nosotros estamos de acuerdo en esperar.

Randy, 17 – Keegan, 2 meses
(Whitney, 15)

Mucha gente tiene demasiados bebés y no puede mantenerlos. Quiero poder darle a Shaquille lo que

195

necesita. Traci y yo tenemos una responsabilidad
respecto a la anticoncepción. Yo me pongo un condón
y ella toma la píldora.

Lester, 17 – Shaquille, 16 meses (Traci, 16)

Planear tu familia

Muchas madres y muchos padres adolescentes que tienen
un hijo pueden continuar sus estudios para lograr sus objetivos. Si tienen un segundo hijo antes de terminar en la escuela,
las dificultades se multiplican. Tener más de un niño le limita
a uno la independencia de manera drástica.

Muchas parejas de adolescentes resultan con otro
embarazo. La mitad de las madres adolescentes tienen otro
bebé en un lapso de dos años. Esto es lo que les sucedió a
Santos y Leanne, y Santos aconseja:

Reflexiona antes de tener un segundo bebé. No es tan
maravilloso. Si no tienes un hogar estable para
ellos, es una absoluta locura.

Ahora mismo es difícil para mis chicas, y yo soy bien
joven y es difícil para mí. Aun para el primero, espera
hasta que tengas un hogar estable.

Santos, 17 – Kolleen, 17 meses; Jameka, 5 meses (Leanne, 16)

Las parejas tienen que pensar y dialogar sobre planes de
familia en el futuro. ¿Cuán pronto quieren otro hijo? Muchas
madres y muchos padres, casados o no, no quieren otro bebé
enseguida. Existen muchas razones para esperar:

• Quieres darle al primero la atención que necesita. Los
  párvulos necesitan muchísima atención.

• Encontrar atención fuera de casa para uno es difícil. Para
  dos, es aún mucho más difícil.

• Más bebés cuestan más dinero. ¿Tienes tú lo suficiente?

¿Económicamente difícil? Por supuesto. Es como
si nunca terminas de necesitar algo. Chanté siempre
necesita cosas y todo cuesta. Siempre. Cada vez que

levanto la mirada, es "consígueme más ropa o más pañales".

Tiger, 19 – Chanté, 18 meses (Crystal, 18)

- Probablemente la madre tenga un bebé menos saludable si el siguiente embarazo es muy seguido del primero.
- Tener demasiados hijos puede hacer daño a tu relación de pareja.

Los bebés sí vienen a veces por accidente. Si no quieres otro enseguida, el control de la natalidad es esencial. Esto puede hacerse sencillamente al no tener coito, pero casi todos los padres y todas las madres querrán alguna forma de anticonceptivo. Si la mamá da el pecho, no cuentes con que eso va a prevenir otro embarazo. Ella puede quedar embarazada aunque esté lactando.

Nosotros estamos muy conscientes. Yo no tomo la píldora pero siempre usamos preservativo y espuma. Ninguno de los dos hace nada sin protección. Cualquiera de los dos dice: "¿Tienes preservativo? ¿Espuma?"

Erin, 16 – Alex, 12 meses (Brian, 20)

Las parejas sexualmente activas tienen que dialogar sobre la anticoncepción. Si esto te es difícil, recuerda que tener otro bebé demasiado seguido también sería difícil para tu pareja. Brad comentó sobre este asunto:

Prefiero que los niños se lleven tres años. Quiero que mi primer hijo tenga tiempo para que yo le enseñe.

¿Cómo hablas sobre sexo con tu pareja? Primeramente, tienes que estar a solas con ella. Pregúntale qué piensa de usar protección. ¿Cuántos hijos quieres tener? Si uno o la otra no quiere usar protección, el entendimiento tiene que ser total.

Brad, 17 – Maria, 13 meses (Carole, 16)

Hay mujeres jóvenes que dicen que sus parejas no quieren usar control de la natalidad. Una me dijo que su novio no la "deja" usar anticonceptivos. Según él, si ella usara algo era para tener relaciones sexuales con otros tipos. Una relación con tan poca confianza entre las parejas parece encaminada a problemas.

Muchas opciones

¿Quieren tú y tu pareja esperar para el siguiente embarazo? Planea ahora cómo lograrlo. Existen numerosas opciones de anticonceptivos. Fíjate en lo que hay disponible. Luego decide cuál es la mejor para los dos.

Tú y tu pareja no necesitan receta para ciertos anticonceptivos. Puedes comprarlos en casi todas las farmacias. Incluyen:

* preservativo o condón

* jalea o espuma espermaticida

Todo eso mata los espermatozoides o evita que entren en el útero.

El preservativo o condón evita que se extiendan las infecciones de transmisión sensual (STI por las siglas en inglés).

STIs (Sexually Transmitted Infections): *Enfermedades que se pasan por medio de las relaciones sexuales.*

El hombre tiene que ponerse el condón o preservativo con todo cuidado. Tiene que hacerlo antes de que su pene toque los órganos genitales de su pareja. Envuelve el pene erecto con el preservativo o condón. Se debe dejar un espacio de media pulgada en la punta del condón. Así se va a ser más confortable. También hay menos posibilidad de que se rompa.

Recuerda que si tú usas el preservativo y ella usa la espuna, los dos métodos juntos son tan buenos para prevenir la concepción como la píldora o el aparato intrauterino. Tanto el preservativo o condón como la espuma se pueden comprar en la farmacia sin receta médica.

Espermaticida: *Producto que mata el espermatozoide.*

La mujer puede usar espuma o jalea (espermaticida) justo antes de tener relaciones. Se la pone en la vagina con un instrumento especial. Usadas solas, ni la espuma ni la jalea es un método del que se puede depender para prevenir el embarazo. La espuma o la jalea funciona mejor cuando el hombre usa el preservativo o condón. El departamento de salud de la localidad puede proporcionar condones, espuma o jalea sin costo alguno.

Comentarios de padres adolescentes sobre preservativos o condones

Un joven a quien se le preguntó si el hombre tiene la responsabilidd del control de la natalidada, respondió: "No, es responsabilidad de la madre. Yo no uso condones. Me atengo a mi pareja".

Otros padres jóvenes citados en este libro reaccionaron enfática y negativamente a esta declaración.

Tony, 16: *Yo recomendaría que usara preservativos. Es cierto, los condones no se sienten bien, pero no importa si se sienten bien o no. De todos modos debes usarlos.*

Agie, 18: *Si no te gusta como se siente, supongo que corres el riesgo de contagiarte de alguna enfermedad o de hacer un bebé. Para la crianza de un bebé se necesita todo. Si se va a juntar así, anda nomás si quieres un bebé o una enfermedad.*

Jamal, 16: *Ésa es una persona que quiere pescar SIDA o alguna otra STI. Al principio yo pensaba eso de los preservativos, pero cuando veo algo que me puede hacer daño, trato de pararlo. Y las relaciones sexuales sin protección son muy muy perjudiciales.*

Luis, 20: *Eso es una estupidez, no usar condón. Ambos deben tomar precauciones. No te gusta la sensación de la goma, puede sentarse a esperar hasta que decidas usarla.*

No cuentes con que si lo sacas o repliegas vas a prevenir
un embarazo. (Esto quiere decir que el hombre saca el pene
del cuerpo de la mujer antes de eyacular.) Hasta el
espermatozoide por fuera de la vagina en la vulva puede
adentrarse y causar un embarazo.

El repliegue no es un método confiable de anticoncepción. Como comentara una vez una enfermera: "¡Yo he visto
muchos adorables bebés de repliegue!"

Inyecciones anticonceptivas

El medicamento inyectable, como Depo-Povera, es una
alternativa anticonceptiva que difiere de otros métodos. A
la mujer le ponen una inyección con una efectividad de 99
por ciento para prevenir embarazos durante tres meses. Las
madres lactantes pueden inyectarse con Depo-Provera en la
visita de posparto a las seis semanas. Para una madre que no
amamanta, la inyección de Depo-Provera se le puede poner
tan pronto como lo desee después del parto.

Si tu pareja usa Depo-Provera, ella tiene que programar
una cita con su proveedor de atención médica cada tres meses
para inyectarse.

> *MacKenna se ponía la inyección de Depo-Provera,*
> *pero una vez se atrasó en ponérsela. El embarazo fue*
> *una gran sorpresa. Mi mamá me sentó y me hizo en-*
> *tender que habría grandes cambios en mi vida.*
> Saunders, 17 – Trilby, un año (McKenna, 16)

Píldora anticonceptiva

Las píldoras anticonceptivas para mujeres se consiguen
fácilmente con médicos y clínicas. Los seguros y Medicaid
pueden pagar por la píldora. La mujer no tiene que tomar
la píldora justo antes de las relaciones sexuales. Eso es una
ventaja. Pero sí tiene que tomar una diariamente.

¿Está dando el pecho al bebé? Tomar la píldora puede
reducir el suministro de leche. Si amamanta, debe consultar
con el médico.

A lo mejor es preferible optar por otro anticonceptivo hasta que desmama al bebé del biberón o de la taza. Pero ciertas píldoras no afectan la producción de leche.

> **Nota:** La píldora no va a prevenir el embarazo el primer mes que tu pareja la toma. La píldora tampoco surte efecto si está tomando antibióticos. Si tienes relaciones sexuales ese primer mes o cuando ella está tomando antibióticos, usa otro anticonceptivo.

La píldora no protege a minguno de los dos de las infecciones de transmisión sexual, inclusive SIDA.

Parche anticonceptivo, implante, aparato intrauterino

El parche proporciona hormonas preventivas por la piel. El parche mide 1 1/2" x 1 1/2". La mujer lo aplica a la piel y se lo deja 7 días. Repite el proceso dos veces, luego se lo quita cuando tiene el período. Después empieza el proceso otra vez, con un parche nuevo cada vez.

Otro instrumento para planificación familiar es el implante. Es una dosis baja de medicina anticonceptiva que el médico coloca bajo la piel en la parte superior del brazo. No se nota. *Implanon* es una forma más reciente de implante que podría ser más satisfactoria.

Una vez puesto, el implante despide rápidamente la medicina para prevenir el embarazo. Esto continúa por tres años. Algunos pueden prevenir un embarazo hasta por cinco años. Es posible que el seguro médico de tu pareja pague por el implante. Si quiere quitárselo, el proveedor de atención médica puede hacerlo.

El aparato intrauterino (AIU o IUD por las siglas en inglés) para mujeres es un aparato de aproximadamente una pulgada de largo. Los hay de distintas formas.

El médico coloca el AIU en el útero de la mujer. Una vez en su lugar, se queda allí varios años. El AIU es para mujeres que ya han dado a luz. Una mujer con este aparato dentro debe tener relaciones con un solo hombre. Con varias parejas, es posible que el AIU le produzca una infección.

Otros métodos de control de la natalidad incluyen la tapa cervical, el diafragma, la esponja, el condón o preservativo femenino y el anillo o aro vaginal. Si tú y tu pareja tienen interés en esto, consulten con el proveedor de salud médica.

Ni el AIU (IUD), Depo-Provera, el parche ni el implante previenen el contagio de infecciones de transmisión sexual, que incluyen el SIDA (AIDS). Solamente los condones o preservativos pueden evitarlo.

Anticoncepción de emergencia

Si, a pesar de los buenos planes, ocurre el coito sin protección, es posible que la mujer consulte con su proveedor de atención médica para anticonceptivo de emergencia.

Existen medicamentos que previenen el embarazo si se toman dentro de 72 horas después del coito. Tienen 75% de efectividad.

Las píldoras anticonceptivas de emergencia tienen ciertos efectos secundarios leves, pero mucho menos que el embarazo. El mejor plan es que tú uses un condón o preservativo y tu pareja use otra forma de anticonceptivo en todo momento.

Pero si lo inesperado ocurre, no te desesperes. Para mayor información sobre anticonceptivo de emergencia, llama al 1.888.PREVEN2 (1.888.773.8362).

Tú o tu pareja o ambos a lo mejor podrían consultar con el proveedor de atención médica sobre una receta para anti-conceptivo de emergencia para tener a mano si fuese necesario. Las mujeres mayores de 18 años la pueden com-prar sin receta. En ciertos estados se puede comprar en línea, <www.NOT-2-LATE.com>

Preocupación por infecciones de transmisión sexual

Las personas sexualmente activas deben preocuparse por las infecciones de transmisión sexual. Ciertas ITS (STI en inglés) son sencillamente molestas, tales como una infección de hongos o candidiasis.

Otras tienen efectos serios de más duración. Éstas necesitan tratamiento inmediato. El SIDA (AIDS) es una ITS que causa la muerte.

Ciertas ITS tienen síntomas obvios, como grandes llagas o úlceras en la piel. Con sólo mirar a alguien se puede saber si tiene o no tiene una enfermedad.

> *Por las enfermedades que hay por ahí, los hombres todavía se deben poner preservativos. En cierto modo son una molestia, pero en verdad se trata de si quieres vivir o morir.*
>
> Paul, 19 – Katherine, 4 meses (Kyla, 15)

La mejor manera de no pescar una ITS es abstenerse de relaciones sexuales. Después, que el hombre use condón o preservativo. Es más seguro si la mujer usa una jalea espermaticida y el hombre usa el preservativo o condón.

Si tú o tu pareja tiene alguna vez alguno de estos síntomas, consulta con el médico o visita la clínica:

• dolor al orinar (hombres y mujeres)
• flujo inusual del pene o de la vagina
• genitales con dolor o picazón
• protuberancias o tumores en las áreas genitales
• ronchas o erupciones o ampollas en el área genital
• llagas o úlceras en el pene, o la vulva, o la vagina

Recuerda que casi todas las infecciones de transmisión sexual se pueden tratar. El tratamiento temprano previene efectos serios de por vida. Medicaid y los seguros médicos pagan por este tratamiento. Los departamentos de salud pública proporcionan tratamiento para ITS gratuitamente o a muy bajo costo.

El SIDA [AIDS en inglés] – infección incurable de transmisión sexual

El SIDA no tiene curación. SIDA son las siglas que indican síndrome de inmunodeficiencia adquirida—en inglés,

AIDS, Acquired Immune Deficiency Syndrome.

El virus del SIDA incapacita al cuerpo para que se defienda de enfermedades. Una persona con SIDA puede morir por cualquier enfermedad. Mayormente, la causa de muerte es cáncer o pulmonía.

No se conocen síntomas tempranos del SIDA. Es una enfermadad que no es curable. Los enfermos de SIDA reciben tratamiento para los síntomas, pero no se curarán.

Anteriormente, ciertas personas adquirían el SIDA por medio de transfusiones de sangre. Esto es casi imposible hoy día. La sangre para transfusiones ahora se examina meticulosamente para ver si contiene el virus del SIDA.

Hoy día, una persona puede contraer el SIDA si:
• tiene relaciones sexuales con una persona infectada.
• comparte agujas con gente infectada.
• tiene relaciones sexuales con alguien que comparte agujas con drogadictos.
• Si la madre lo infecta antes o durante el alumbramiento.

Atención a ti mismo y a tu familia

Mientras más parejas tienes, más probabilidades existen de que vas a contraer una ITS.

Cosas que puedes hacer para evitar una ITS:
• Pensar en otras maneras de tener una relación amorosa.
• Proteger a ambos con el uso de un condón o preservativo durante el coito.
• Discutir cómo protegerse de un embarazo antes de empezar el coito.
• Tener en cuenta los riesgos, tanto para ti como para tu pareja, de un embarazo y de las ITS.

Planear tu siguiente hijo

Tengan su siguiente hijo cuando tú y ella estén listos –
• físicamene
• emocionalmente
• económicamente

Esto es lo mejor para el niño que ya tienen y para la familia futura.

Ella toma la píldora y yo uso condón. No nos arriesgamos – es muy fácil deslizarse. Creo que todos mis amigos pensaban que ellos no iban a embarazar a una muchacha y ahora se dan cuenta de que tienen que ser ultra cuidadosos. Dos de mis amigos han sido pareja dos años y aún no se han acostado juntos porque nosotros les decimos que eso no es lo más importante.

Heather estaba tomando la píldora cuando quedó embarazada, pero ella era algo irresponsable en cuanto a tomarla. Ahora, yo todas las noches me aseguro de que se toma la píldora antes de acostarnos.

Jason, 17 – Melanie, 13 meses (Heather, 17)

Si tú y tu pareja no quieren otro embarazo inmediatamente, planea ahora cómo prevenirlo:
* opta por la abstinencia del coito, o
* si tienen relaciones sexuales, usen anticonceptivos – en todo momento. La mejor protección contra enfermedades y embarazo involuntario es que cada pareja use protección. Cualquiera que sea el método que emplea la mujer, tú siempre debes usar un preservativo o condón para la protección de ambos contra las infecciones de transmisión sexual.

La falla en la prevención de embarazo con el uso de preservativo o condón solamente, durante el primer año, es de tres por ciento cuando se emplea "perfectamente", y 14 por ciento con el uso "típico". Para proteger a ambas parejas de un embarazo involuntario, la mujer debe también usar un método anticonceptivo, como la píldora, implante, parche, o Depo-Provera.

Tener al siguiento hijo cuando tú y tu pareja se encuentren preparados física, emocional y económicamente es mejor para el niño que ya tienen y para la familia futura.

Está en tus manos y en las de tu pareja hacer que esto ocurra. Y si tu pareja no está interesada, *está en las manos tuyas.*

*Un diploma de escuela secundaria y capacitación laboral
son importantes para los papás.*

16

Tu futuro – el futuro de tu hijo

- Hacia adelante
- Tus responsabilidades como padre
- Establecer la paternidad
- Probar que eres el padre
- La responsabilidad económica
- El empleo sirve para la autoestima
- Cuando tienes otros problemas
- Encontrar recursos en la comunidad
- No te des por vencido
- Tus objetivos a largo plazo

Yo tenía empleo, pero lo perdí porque el negocio andaba un poco mal. Una vez que pierdes ese empleo, es difícil conseguir otro.

Traté de hacerme atleta profesional, pero el ejército acabó con ese sueño.

Volví a la escuela porque me quiero graduar. Quiero ser bombero y considero que lo puedo lograr con seis meses de capacitación.

Jermaine, 18 – Amy, 1 (Angela, 17)

En este momento tenemos lo nuestro para vivir. Trabajo en un almacén de depósito y soy agente de seguridad a medio tiempo. Yo estaba en la escuela,

pero me tuve que salir para ir a trabajar. Ahora estoy
tratando de volver a la escuela.

Marco, 18 – Lily, 1 (Serene, 18)

Hacia adelante

¿Qué clase de futuro estás planeando para ti y tu hijo? Si
estás con la madre, ¿están creando juntos una vida satisfactoria? ¿Son ya una familia independiente o están en camino?

¿Pasas mucho tiempo con tu hijo – lo tocas, lo acaricias,
juegas con él? ¿Ayudas a atenderlo – le das la comida, le
cambias los pañales, lo bañas? Todas esas cosas son parte de
la "responsabilidad". Igualmente lo es ir a las citas médicas
con mamá y bebé. Sólo encontrarte disponible es importante
para tu hijo. Ser padre es muchísimo más que sólo hacer
un bebé.

Si no estás con la madre del niño, ¿sigues siendo parte
importante en la vida del niño? ¿Pasas tiempo con él de
manera regular? Aunque no residas con él, él te necesita.

¿Estás en condiciones de mantener a tu niño? Si no lo
estás, ¿qué vas a hacer para llegar a ese punto? ¿Estás en la
escuela todavía? ¿Te estás adiestrando para emplearte?

Es esencial que tengas la capacidad para mantenerte a ti
mismo y a tu hijo.

Tus responsabilidades como padre

Veo a los bebés con sus mamás y me pregunto:
"¿Cómo puedes tener a un chiquillo en este mundo y no
quererlo?" Es parte de ti. Yo no podría tener a mi hija
por ahí sin mí.

Jason, 17 – Melanie, 13 meses (Heather, 17)

Como adolescente, es difícil "responsabilizarte" como
padre, especialmente las responsabilidades económicas. Si no
has terminado la escuela secundaria, encontrar un buen empleo no es fácil. Aunque te hayas graduado, no va a ser fácil.
La tasa de desempleo entre varones adolescentes es alta.

Si no estás empleado, la gente va a creer que no quieres ser responsable. Si has abandonado la escuela, te descartan como a un típico padre adolescente desertor. Opinan que tú vas a forzar a tu bebé y a la mamá de él a una vida de pobreza. Legalmente, tú debes proporcionar por lo menos la mitad de la mantención de la bebé hasta los 18 años. Eso es aterrador para un adolescente desempleado. Hacerse cargo de esa responsabilidad a los 15 años – o aun a los 18 – puede ser imposible.

Si aún no has cumplido los 18, tal vez no enfrentes el requisito de pagar mantención del menor ahora. Las leyes varían de estado a estado. Pero muchos padres, aun con entradas limitadas, se las arreglan para proporcionar algo de ayuda para su niño anque ellos mismos continúen con su educación y capacitación laboral.

Si te das cuenta del costo de mantener a un bebé, a lo mejor quisieras darte por vencido. Muchos padres jóvenes lo hacen. Si no tienen dinero para pagar por las necesidades del bebé, puede ser que ayuden poco o no ayuden para nada. Muchos otros ayudan lo más posible aunque continúen con su educación y capacitación laboral.

Establecer la paternidad

Si no estás casado con la madre de tu bebé, ¿tienes que establecer la paternidad? Es importante hacerlo por distintas razones:

Identidad: Tu hijo necesita saber quién es él. Existe un sentido de identidad, proveniente de conocer a la madre y al padre.

Beneficios: Tu niño tiene el derecho de beneficios por parte de padre y madre. Los mismos pueden incluir Seguro Social, beneficios de seguros, derechos de herencia, otros tipos de beneficios, entre ellos los de veteranos. A menos que establezcas la paternidad, tu niño tal vez no pueda reclamar estos derechos que le corresponden por ti.

Dinero: Tanto el padre como la madre tienen la obligación, por ley, de mantener al hijo. Un niño que tenga que depender

únicamente del padre o únicamente de la madre para su mantención probablemente no tendrá lo suficiente para cubrir sus
necesidades.

De medicina: ¿Existen problemas de salud en tu familia?
Tu hijo necesita saberlo.

Si no estás casado con la madre de tu hijo, tú estableces la
paternidad legal por medio de declaración jurada, un docu-
mento legal que indica que tú eres el padre del niño. Tanto tú
como la madre tienen que firmar esta declaración jurada. El
procedimiento real varía de estado a estado.

Si eres el padre legal, esto te da los derechos si la madre
quiere dar al niño en adopción o si las autoridades tratan de
quitarle el niño a la madre. Tú no tienes derechos si no has
establecido la paternidad legal. Si el estado le quita el hijo a
la madre porque es drogadicta, por ejemplo, tú no tienes
derechos sobre tu hijo si no has dado este paso.

Es más fácil establecer la paternidad mientras tú y la madre
tienen una buena relación.

*Si no estás casado con la madre de tu bebé, es im-
portante que establezcas la paternidad legal. Yo con-
sulté con un abogado para enterarme de mis derechos.
También quería establecer derechos de visita. Todo
hombre debe saber que hay que firmar el certificado de
nacimiento, pero aún tienes que ir a la corte para que
ella afirme, bajo juramento, "sí, él es el padre, yo soy la
madre".*

*En caso de desacuerdos, hay que hacer una prueba
de sangre.*

*Nosotros planeamos casarnos, pero quiero estable-
cer que yo soy el padre y que pagaré mantención
del menor.*

*Ciertas mujeres creen que eso no es necesario, pero
en mi opinión, todo padre debe establecer la paternidad.
Así, si algún día ella te dice "no te quiero [aquí]", está
listo.*

                              Paul, 19 – Katherine, 4 meses (Kyla, 15)

Probar que eres el padre

¿Existe alguna duda de que tú eres el padre de tu niño? Puedes averiguarlo con casi 100% de certeza por medio de una prueba de sangre. Ésta es una prueba genética que compara muchos factores distintos que hay en tu sangre con partes similares de la sangre de la madre y de la del niño.

Si la madre del niño se casa con alguna otra persona, tú sigues teniendo derechos y responsabilidades para con tu hijo. Aún tienes que pagar mantención del menor.

Todavía más importante es que tu niño y tú tienen el derecho de conocerse y tener una relación mutua. Tú tienes que tener derechos de visita. Tu hijo se merece tanto una madre como un padre.

Ricardo va a empezar a pensar que el novio de Lourdes es su padre. Yo le digo a Lourdes que llegará el momento en que tendrán que decirle a Ricardo que ése no es su verdadero papá.

Pensé en olvidarme del bebé porque tengo muchos problemas de familia, pero yo no puedo hacer eso. Él es algo que yo he creado. Un padre siempre debe estar disponible para su hijo sea o no sea que (su nacimiento) fuera un error.

Angel, 18 – Ricardo, 3 meses (Lourdes, 19)

Lo mejor es establecer la paternidad lo antes posible. Si tardas en hacerlo, las cosas pueden cambiar y a lo mejor no tengas la oportunidad de asumir la responsabilidad por y para tu hija. Puede ella crecer sin conocerte y sin los beneficios de que tanto la madre como el padre compartan las responsabilidades de la crianza. Tú puedes ayudar a darle a tu bebé las mejores oportunidades de la vida al establecer la paternidad lo antes posible a partir de su nacimiento.

Si no resides con la madre del bebé, ¿con quién reside la criatura? Lo más probable es que la mamá tenga la custodia diaria, pero tú puedes tener tanto derecho a la custodia como la mamá. O si no, tú y la mamá pueden compartir la custodia.

La responsabilidad económica

Julio tenía un empleo con salario bajo y, como muchos
padres, se preguntaba cómo iba a poder mantener a su familia:

> *Estaba trabajando en construcción, ganando apenas*
> *un poquito más que salario mínimo. Pensaba "bueno,*
> *pues, vamos a traer a un hijo al mundo y yo voy a tener*
> *que mantenerlo". Le dije a los compañeros de trabajo*
> *que iba a ser papá y quería consejos de todos.*
> *"Vete ya", me dijeron unos.*
> *"Que lo aborte", me dijeron otros.*
> *Yo me quedé, y cuando Francene nació, teníamos*
> *beneficios que pagaron los servicios médicos. Pero*
> *tenía tantas otras cosas en la mente. ¿Podré comprar*
> *comida? ¿Las cuentas? Las responsabilidades nunca se*
> *acaban.*
> *Me preocupaba ser padre. ¿Cómo ocupas el puesto*
> *de padre, alguien que se supone sabe todas las respues-*
> *tas? ¿Cómo cumples con la reputación de padre?*
> Julio, 24 – Francene, 4; Alina, 3; Gloria, 1 (Joanne, 22)

Ya seas madre o padre, tienes que mantener la "reputa-
ción" de la crianza, como explica Julio. Nunca tendrás todas
las respuestas –nadie las tiene— pero tendrás que ser responsable por tu hijo. Ser responsable incluye la responsabilidad
económica lo mismo que la compañía, amor y apoyo
emocional que la criatura necesita de tu parte.

El empleo sirve para la autoestima

> *Yo estaba trabajando cuando mi novia quedó em-*
> *barazada pero dejé el trabajo sin motivo. Sólo que no*
> *me gustaba ese trabajo. Entonces resultó bien difícil*
> *conseguir otro trabajo por falta de estudios. Lo único*
> *que hacía eran trabajitos eventuales ("camarones")*
> *para ayudar a mis amigos a arreglar carros.*
> *Ahora estoy en un programa donde nos capacitan*
> *para sacar nuestro diploma de GED y también nos ense-*

ñan construcción. En este momento estamos
construyendo una casa de dos pisos, básicamente para
personas de bajos recursos. Cuando termine el
programa y me gradúe, el año que viene, ellos me van
a ayudar a conseguir empleo.

Isaac, 18 – Brooke, 9 meses (Alexis, 17)

Un empleo puede jugar un papel muy importante en cómo te sientes hacia ti mismo. Cuando piensas bien de ti mismo, cuando tienes buena autoestima, eres mejor padre que cuando no estás satisfecho contigo mismo. Aunque ya no estés en la escuela secundaria, es posible que necesites más capacitación laboral.

Busca la sección de "job training facilities" en los catálogos de "community colleges". Las posibilidades pueden incluir programas regionales (Regional Occupation Programs, o ROP) así como centros para carrera en la escuela secundaria.

Averigua también si hay programas en tu comunidad patrocinados por JTPA (Job Training Partnership Act). La oficina local del Departamento de Servicios Sociales podría proporcionarte información.

Me graduaré dentro de un año. En este momento
estoy tomando una clase de ROP – mecánica automo-
triz. Si no consigo empleo, iré a capacitación
especializada. Me enseñarán todo sobre un auto y es
gratis para estudiantes de ROP. Estudias seis horas al
día durante un año y además trabajas a medio tiempo.
Después ellos te ayudan a conseguir empleo.

Quiero estar en condiciones de tener trabajo
siempre y la mecánica automotriz me las dará.

Raul, 16 – Marijo, 10 meses (Sandra, 17)

Al planear tu futuro, es importante que planees cómo vas a ganar el dinero suficiente para mantener a tu hijo.

Pensé que la bebé iba a estar chiquita toda la vida.
Pronto va a cumplir un año y todavía me queda un

*año de escuela secundaria. Ojalá la pueda llevar a
la guardería del colegio mientras yo voy a la capacitación. Quiero trabajar en reparación de líneas para la
compañía de teléfono.*

Damon, 16 – Samantha, 8 meses (Roxanne, 15)

Aunque el padre y la madre estén juntos y los dos
trabajen, a lo mejor tienen grandes problemas económicos.
El dinero pocas veces alcanza para todo lo que quisieran. La
pareja a lo mejor no está de acuerdo en cómo gastar el dinero
que tienen:

*Kyla no entiende que el dinero no es como agua.
Tienes que trabajar para conseguirlo. Es duro.
Ella no ve la diferencia entre necesitar y querer algo.
Si no podemos obtener ahora lo que queremos, tal vez
podamos en el futuro, pero toma tiempo.
Tenemos muchas peleas por esto.*

Paul

Quizás tú y tu pareja podrían aprender a manejar el dinero.
Probablemente puedan encontrar una clase sobre este tópico
en cursos para adultos. De esta manera podrían beneficiarse
lo más posible con el dinero que ganas.

Cuando tienes otros problemas

Por supuesto que no todos los problemas aparecen con
símbolos de dólares. Los padres y las madres adolescentes,
como todo el mundo, tienen altibajos en sus vidas. Puede ser
que ya estés en la escuela, o que tengas empleo. Puede ser
que ya estés haciendo planes para tu futuro y el de tu bebé.

Pero si tu vida no anda como te gustaría, ¿has pensado
en obtener ayuda adicional? No tienes que manejar todo tú
solo. Si tienes más problemas de los que puedes resolver por
ti mismo, el primer paso es aceptar que necesitas ayuda. Es
muy difícil para ciertas personas admitir que no se defienden
por su propia cuenta.

Probablemente ya recibes ayuda informal. Las familias a

menudo son buena fuente de apoyo. Asimismo, las amistades. De hecho, otros padres y madres jóvenes pueden ofrecer ayuda considerable sencillamente porque encaran algunos de los mismos problemas que te incomodan a ti. Daric se hizo parte de un grupo de padres adolescentes en su escuela. Eso fue una ayuda para él.

> *Muchas veces me siento como que ya no puedo más. Necesito apoyo y no lo tengo en casa. En el grupo sí tengo apoyo. Me sirve mucho saber que yo no soy el único que se encuentra en esta situación. Me hace sentir mucho mucho mejor.*
>
> Daric, 16 – Kianna, 1 año (Kim, 18)

Encontrar recursos en la comunidad

Es posible que necesites más apoyo del que puedan darte tu familia y tus amigos. A lo mejor pueden ellos sugerirte recursos con los que te puedes comunicar. Averigua por medio de otras personas con quienes interactúas –la directora de una guardería, tu ministro, médico, o profesora -- si existen otros recursos. Pregunta en la YMCA, la clínica juvenil y otros recursos locales.

Consulta también la guía telefónica. La asociación de salud mental del condado o del estado y el departamento de sicología de un colegio o una universidad de las cercanías pueden recomendar servicios de consejería.

Si tú o tu pareja recibe ayuda económica de Social Services, solicita una entrevista con una trabajadora social cuando necesites ayuda especial. Los trabajadores sociales a menudo tienen demasiados casos que atender pero a veces pueden dar ayuda extra a algunos de sus clientes. Si hay un centro comunal cerca de ti, la trabajadora social podría decirte adónde puedes dirigirte para que te ayuden con tus problemas. El departamento de sevicio social del hospital puede ser un buen recurso.

La Family Service Association of America cuenta con conexiones en una red de más de 300 agencias en los Estados

Unidos. Estas agencias ofrecen consejería individual y de familia a bajo costo, lo mismo que una gran variedad de otros servicios para las familias.

Para la agencia en tu área, consulta las siguientes secciones de la guía telefónica:

Family Service Association, Council for Community Services, County Department of Health, Counseling Clinic, Mental Health Clinic, o United Way.

No te des por vencido

Por lo general, puedes obtener una lista de líneas gratuitas ("hot lines") con la operadora de teléfonos. Marca "411" y cuando contestan di: "Tengo este tipo de problema. ¿Me puede ayudar?"

Cuando llames a los números gratuitos y a otros servicios de la comunidad que te hayan dado, es posible que no puedas comunicarte. A menudo los números han cambiado, o tu llamada la contesta una grabación, o la persona con quien hables te puede decir que esa tal agencia no te puede ayudar.

Cuando esto sucede, no te des por vencido. Si alguien contesta en persona, pídele que te indique dónde sí pueden hacerlo. Dile a esa persona que necesitas ayuda, que no sabes dónde llamar. Explícale cuánto le agradeces cualquier idea o sugerencia que te pueda dar.

Los nombres de los consejeros de matrimonios y de familias, por lo general, aparecen en las páginas amarillas. Tu área a lo mejor tiene una agencia de consejería gratuita o a un costo basado en lo que puede pagar el cliente. Si tus entradas son mínimas, es posible que no te cobren nada.

La independencia y la autosuficiencia son maravillosas – si funcionan. Todos necesitamos un poquito de ayuda extra en algún momento de nuestra vida. Si éste es tu momento especial de necesidad, haz lo necesario para lograrla. Tú y tu hijo se alegrarán de que lo hiciste. Tú y tu hijo merecen lo mejor en la vida. Si tú te educas y mejoras tus destrezas vocacionales, puedes hacerte cargo de tu propia vida.

Tus objetivos a largo plazo

Los objetivos a largo plazo también son importantes. Puedes tener objetivos de largo plazo para tu hijo, tal como Andy:

> *Quiero que Gus crezca bien. No quiero que ande por las calles ni nada parecido. Trataré de enseñarle la diferencia entre lo correcto y lo incorrecto. No quiero que crezca como yo ni como mis hermanos.*
>
> Andy, 17 – Gus, 5 meses (Yolanda, 15)

El objetivo de Andy es bueno, pero lo importante es ¿qué hace ahora para lograr ese objetivo? ¿Significa mudarse a otro vecindario? ¿Tomar clases para crianza? ¿Mejorar su relación con la madre del niño?

Sea cual sea la situación, fíjate en los objetivos para tu hijo, luego planea cómo lograrlos.

Los objetivos a largo plazo también son importantes para ti. ¿Dónde quieres estar en cinco años? ¿Qué quieres hacer entonces? ¿Qué clase de empleo tendrás?

Pero el problema de los objetivos a largo plazo es que a veces parecen demasiado fáciles. Puede ser que digas: "Dentro de cinco años tendré un diploma universitario y un empleo bien pagado. Nos casaremos, tendremos otro bebé y nuestra casa".

Eso es un objetivo a largo plazo, y si eso es lo que quieres, sigue con tus planes y la manera de lograrlo.

Más importante aun, ¿qué has hecho este año, este mes, para ayudar a lograr la vida que quieres para ti y para tu hijo? ¿Qué tienes que hacer para continuar con tus estudios? ¿Qué pasos tienes que dar ahora para empezar o continuar tu capacitación laboral?

¿Qué estás haciendo hoy para que el futuro tuyo y el de tu hijo sea satisfactorio?

Acerca de la autora

Jeanne Warren Lindsay es autora de veintiún libros para y sobre adolescentes embarazadas y la crianza por parte de adolescentes. Para 2008, se han vendido casi 800,000 ejemplares de sus libros. *Papás adolescentes: Derechos, responsabilidades y alegrías* fue una de las selecciones recomendadas para jóvenes lectores reacios por la American Library Association.

Lindsay ha laborado con cientos de adolescentes embarazadas y que crían a sus hijos. Desarrolló el Teen Parent Program en Tracy High School, Cerritos, California, y coordinó el programa durante muchos años. Casi todos sus libros se dirigen a adolescentes embarazadas y que crían y en ellos se cita con frecuencia a adolescentes entrevistados a fin de ilustrar conceptos.

Lindsay se crió en una finca en Kansas. Ha residideo en la misma casa en Buena Park, California, durante 43 años. Le encanta visitar el Medio Oeste pero dice que ahora es adicta a la vida en el sur de California. Tiene cinco hijos adultos y siete nietos.

Lindsay edita *PPT Express*, un boletín trimestral para maestros y otros que laboran con adolescentes embarazadas y que crían. Con frecuencia es conferenciante en distintas partes del país, pero dice que sus momentos más felices son los que pasa en entrevistas con jóvenes para escribir sus libros, o cuando escribe bajo el gran olmo en el patio de su casa.

BIBLIOGRAFÍA

La siguiente bibliografía contiene libros y un sitio en la red para padres adolescentes. Se dan precios para los recursos, pero tales precios cambian tan rápidamente que se recomienda llamar a la librería o buscar en la librería en línea para saber el precio actualizado antes de hacer un pedido.

Allen, Nancy Kelly. *Read to Me! I Will Listen: Tips Mom and Dad Can Use to Help Me Become a Lifelong Reader.* $2.95; 10/$25; 25/$50; 100/$150. Morning Glory Press.
Punto de vista infantil de la importancia de que el padre/la madre le lea al niño.

Lansky, Vicki. *Games Babies Play from Birth to Twelve Months.* 100. 132 págs. $10.95. Book Peddlers.
Muchas ideas para ayudar a los padres a que interactúen con sus hijos de manera creativa.

Leach, Penelope. *Your Baby and Child from Birth to Age Five.* Revisado, 1997. 560 págs. $20. Alfred A. Knopf.
Un libro de absoluta belleza repleto de información, muchas fotos a color y hermosos dibujos. Guía comprensiva, autorizada y sumamente sensible para el cuidado y desarrollo de la criatura.

Lindsay, Jeanne Warren. *Do I Have a Daddy? A Story About a Single-Parent Child.* 2000. 48 págs. Rústica, $7.95. Guía de estudio gratis. Morning Glory Press.
Un libro hermoso con fotos a todo color para el niño o la niño que nunca ha conocido a su papá. Una sección especial de 16 páginas da sugerencias a madres solteras.

_____. *The P.A.R.E.N.T. Approach: How to Teach Young Moms and Dads the Art and Skills of Parenting.* $12.95.
Guía para trabajodres sociales, visitantes de la casa, enfermeras, maestras que trabajan con padres adolescentes.

Maraceck, Mary. *Breaking Free from Partner Abuse.* 1999. 96 págs, $8.95. Descuento por cantidades grandes. Morning Glory Press.
Hermosa edición ilustrada por Jami Moffett. El mensaje de fondo es que quien lo lee no merece el maltrato. De escritura sencilla. Puede ayudar a una joven a escapar de una relación abusiva o de maltrato.

MELD Parenting Materials. *The New Middle of the Night Book: Answers to Young Parents' Questions When No One is Around.* 1999. 163 págs. $12.50. MELD, Suite 507, 123 North Third St., Minneapolis, MN 55401.
Incluye información escrita con claridad sobre la crianza durante los dos primeros años de vida.

Morris, Jon. *ROAD to Fatherhood: How to Help Young Dads Become Loving and Responsible Parents.* $14.95. Morning Glory Press.
Junto con la narrativa de la vida real de padres adolescentes, el libro es una guía para maestros, consejeros, trabajadores sociales que desarrollan servicios comprensivos para padres jóvenes.

Paschal, Angelia M. *Voices of African-American Teen Fathers: I'm Doing What I Got to Do.* 2006. 228 págs. Routledge. $39.95.
Este examen de las vidas de padres jóvenes afroamericanos muestra una verdadera mezcla de actitudes, ideas erróneas, expectativas y retos.

Pollock, Sudie. *Seguir adelante: Cómo obtener la información necesaria para vivir por tu cuenta.* 2001. 112 págs. $4.95. 25/$75. (*Moving On: Finding Information You Need for Living on Your Own.*) Morning Glory Press.
Guía con espacios que llenar a fin de ayudar a jóvenes a buscar información acerca de lo que necesitan para vivir en la comunidad aparte de la casa de la familia.

Pruett, Kyle. *Fatherneed: Why Father Care Is as Essential as Mother Care for Your Child.* 2001. 256 págs. Broadway. $19.
El autor muestra cómo los infantes están predispuestos para el apego tanto a hombres como a mujeres y explica los beneficios vitalicios de esta provechosa relación mutua.

Reynolds, Marilyn. **True-to-Life Series from Hamilton High:** *No More Sad Goodbyes. Shut Up! Baby Help. Beyond Dreams. But What About Me? Detour for Emmy. Telling. Too Soon for Jeff. Love Rules. If You Loved Me.* 1993-2008. 160-256 págs. $8.95 - $9.95. Morning Glory Press.
Absorbentes relatos que tratan de la situación que enfrentan los adolescentes. Se comienza con **Too Soon for Jeff,** *novela premiada, acerca de un padre adolescente reacio. Los estudiantes que leen una de las novelas de Reynolds por lo general quieren leer otras.*

Seward, Angela. Ilustraciones de Donna Ferreiro. *Goodnight, Daddy.* 2001. 48 págs. Rústica, $7.95; empastado, $14.95. Morning Glory.
Hermoso libro de láminas a todo color muestra el regocijo de Phoebe porque su papá va a visitarla hoy. La niña queda desolada cuando él llama para decir que "ha pasado algo". El libro demuestra la importancia del padre en la vida de su hija.

Strand, Robert. *The Power of Fatherhood.* 2002. 96 págs. Evergreen Press. $5.95.
Libro de lectura fácil que estimula a los hombres a hacerse cargo de su puesto como padres.

Teens Parenting Series: *Your Pregnancy and Newborn Journey/Tu embarazo y el nacimiento de tu bebé* por Jeanne Warren Lindsay y Jean Brunelli PHN; *Nurturing Your Newborn/Crianza del recién nacido* por Lindsay y Brunelli; *Your Baby's First Year/El primer año del bebé* por Lindsay; *Challenge of Toddlers/El reto de los párvulos* por Lindsay; *Discipline from Birth to Three/La disciplina hasta los tres años* por Lindsay y Sally McCullough; *Mommy, I'm Hungry!/¡Mami, tengo hambre!* por Lindsay, Brunelli y Mc-Cullough; *Teen Dads/Papás adolescentes* por Lindsay. *Cuadernos de trabajo,* guías del maestro y *Comprehensive Curriculum Notebooks.* Libros, $12.95 c/u. (*Nurturing Your Newborn/La crianza del recién nacido*, $7.95); *cuadernos de trabajo*, $2.50 c/u. *Claves de respuestas*, $4.95 c/u. *Comprehensive Curriculum Notebooks,* $125 c/u. Descuentos por cantidades grandes. Morning Glory Press.
Currículo completo preparado especialmente para padres y madres adolescentes. Numerosas citas y fotos de padres/madres adolescentes. Enfoque en las necesidades especiales de padres y madres muy jóvenes.

Sitio en la red: mypyramid.gov – U.S. Department of Agriculture.
Escribe tu edad, sexo, nivel de actividad y recibirás una tabla que muestra los alimentos que necesitas tú. Haz lo mismo con tu niño/niña de 2 años o más.

DVDs – Fuentes, títulos representativos

(Comunícate con los distribuidores para obtener las listas actualizadas.)

Discipline from Birth to Three. Cuatro DVDs.**Infants and Discipline – Meeting Baby's Needs, He's Crawling – Help! (6 – 12 meses). She's into Everything! (1- 2 años) y Your Busy Runabout (2 – 3 años).** 2001. 15 min. c/u. $195/juego, $69.95 c/u. Morning Glory.
Magníficos videos sobre libros de los mismos títulos. Muestra a adolescentes hablando con adolescentes, compartiendo técnicas para atención cariñosa.

Life Skills for Teen Parents, 2007. Juego de dos volúmenes, $349.95. 35 min. c/u. Injoy Videos.
Serie realista, práctica, ofrece a los adolescentes sugerencias concretas para seguir adelante en sus vidas.

Reading with Babies. Dirección de Susan Straub. 2006. $25. The Read to Me Program, Inc. POB 730 Planetarium Station, New York, NY 10024-0539. <www.readtomeprogram.org>
Magnífico video que muestra a bebés de 0-24 meses "leyendo" libros con su padre y/o madre, según sus capacidades de desarrollo. Representación realista y juguetona de bebés interactuando con libros.

Teen Breastfeeding: The Natural Choice. 20 min. **Teen Breastfeeding: Starting Out Right.** 35 min. Ambos for $139.95. Injoy Videos.
Magníficos videos. La primera parte da razones para dar el pecho y la segunda explica cómo se hace. Varias madres adolescentes hacen papel estelar.

Too Soon for Jeff. 1996. 40 min. $89.95 Films for the Humanities and Sciences, P.O.Box 2053, Princeton, NJ 08543. 800.257.5126.
ABC After-School TV Special sobre un padre adolescente reacio, basado en la novela premiada de la autora Marilyn Reynolds con Freddie Prinze, Jr. en el papel estelar.

Your Baby's First Year. 2001. Cuatro DVDs. **Nurturing Your Newborn. She's Much More Active (4 – 8 meses), Leaving Baby Stage Behind, Keeping Baby Healthy.** 12 – 16 min. c/u. $195/ juego; $69.95 c/u. Morning Glory Press.
Adolescentes hablan con adolescentes, comparten técnicas para atención cariñosa. Basados en los libros de los mismos títulos. Incluye guía del maestro con preguntas, proyectos, pruebas.

Índice